银发产业与福利丛书

老年学理论

LAONIANXUE LILUN

杨 超 刘梅秀 ◎主 编

中国社会出版社

国家一级出版社 · 全国百佳图书出版单位

图书在版编目(CIP)数据

老年学理论 / 杨超，刘梅秀主编 . —— 北京 ：中国社会出版社，2023.10
ISBN 978-7-5087-6946-2

Ⅰ . ①老 ... Ⅱ . ①杨 ...②刘 ... Ⅲ . ①老年学—研究
Ⅳ . ① C913.6

中国国家版本馆 CIP 数据核字 (2023) 第 183024 号

出 版 人：程　伟		终 审 人：陈　琛	
责任编辑：马　岩		策划编辑：马　岩	
责任校对：卢光花		封面设计：李　尘	

出版发行：中国社会出版社　　　　　　地　　　址：北京市西城区二龙路甲 33 号
邮政编码：100032　　　　　　　　　　编 辑 部：(010)58124838
网　　址：shcbs.mca.gov.cn　　　　　发 行 部：(010)58124835
经　　销：新华书店

印刷装订：北京虎彩文化传播有限公司　开　　本：170 mm×240 mm　1/16
印　　张：17.25　　　　　　　　　　　字　　数：274 千字
版　　次：2023 年 10 月第 1 版　　　　印　　次：2023 年 10 月第 1 次印刷
定　　价：68.00 元

中国社会出版社天猫旗舰店　　　　　　中国社会出版社微信公众号

目　录

第一章

老年学理论概述

第一节　老年学理论与老年学

　　老年学是以老年人为研究对象，围绕老化的规律开展科学研究的新兴综合学科。它最早来源于老年医学，随后在生物学、心理学、社会学等学科交叉渗透中拓展，其研究的视角多元，塑造了老年学的多学科色彩，也显现出老年学的综合性特征。老年学是朝阳学科，全球人口的老龄化在 21 世纪的社会发展进程中将更加凸显。联合国把 1999 年称之为国际老年人年，倡导全球重视老龄化带来的重大影响，提高人类的老龄意识。中国作为全球第一人口大国，也在 1999 年进入老龄化社会。当前中国的人口老龄化速度明显加快，将逐渐进入"超老龄化"社会状态。老龄化的发展带来的挑战，涉及社会生活的方方面面，我们有可能进入一个全新的社会形态，有人也因此将老龄化社会称之为新的时代。这个时代与年轻社会时代不同，有必要展开全方面的研究和知识储备。老年学也因此肩负这样的历史使命，回应人类社会老龄化的诸多重大挑战。

　　基于老龄化的现实背景以及未来趋势，老年学应当发展成为一门独立的学科。学科有着特定的意涵和标准。西方国家的学科制度采用"学术共同体制度"，由学术知识的高深程度、知识体系的完备程度和认同度等决定学科设置；我国则采用国家学科制度，由政府制定法定的目录和标准。[①]尽管老年人问题自古以来就受到关注，但是当一个社会成为老龄化社会则是近代以来的事情。现代意义上的老年学也正是在社会老年学的兴起后得以正式建立。一般认为 20 世纪 60 年代，老年学作为一门独立的学科得以完成。基于学科建设的标准，目前已经在学术组织、著作、教材以及实证研究上取得了丰厚的成绩。例如，国内外，围绕老年学已经建立了大量的学会。英国在 1938 年组建了一个老年研究会，美国在 1945 年成立老年学会。中国在 20 世纪 60 年代召开第一次老年学与老年医学学术会议，1986 年成立中国老年学学会。老年学会已经成为一个广为设立的学术组织，社

---

　　① 崔育宝，许斌丰，陈伟. 交叉学科门类下一级学科的设置标准探析：兼论设置"知识产权"交叉学科的可行性 [J]. 研究生教育研究，2022（1）：72-79.

会认同度也不断提升。老年学的知识体系结构是复杂的，以老年医学、老年生物学、老年心理学、老年社会学为主要构成，也构成了一个全人关怀的视角。但是我们从知识体系的内在构成看还存在着重视应用而轻视理论的倾向。换言之，目前关于老龄化的数据研究不多，理论分析严重不足，呈现出老年学的过度"应用化"色彩。理论是一个学科发展的基础，也是推进学科深度发展的关键。目前中国老龄化政策与实践中出现的诸多问题与老年学理论研究的匮乏有着密切的关系。

与目前老龄化的现实形势以及学科发展需要相比较，围绕老年学理论的专门研究并不适用。目前国内鲜少有学者出版的老年学理论专著，相关的论文形式成果也集中于数据分析，理论的探讨尤其是基础理论的研究十分稀少。中国人民大学杜鹏教授主编的"二十一世纪老年学译丛"相对详细地介绍了国外的老年学主要理论①②。译丛中《老龄理论手册》介绍了1988年以来老年学领域的主要理论脉络与观点，形成了以老龄基础理论、老龄生物学与医学理论、老龄心理学理论、老龄社会科学理论为主要内容的老龄理论体系。国内的研究散落在不同学科中，尚缺乏统一的整理与研究。当然，这种整理也并非简单的拼凑，而是要从基础理论层面进行有机整合。老年生物学或医学是老年学最早切入的分析视角，积累了丰富的研究成果。国内心理学学科内的老年心理学等教材或著作以心理学的视角为主介绍了老年学的理论，老年心理学理论的著作较为丰富。社会老年学的发展提供了大量的老年学理论资源，中国人民大学邬沧萍教授在1999年主编的《社会老年学》是国内第一本关于此类的著作。之后，北京大学杨善华教授在2018年出版了《老年社会学》。总体来看，老年学内部的学科视角发展并不平衡，老年社会学发展相对滞后，还有相当多的社会学理论没有与老年这一主题密切关联。这导致老年学的理论建构不足。如果老年学的知识体系可以分为理论老年学和应用老年学，那么理论老年学的建构是十分欠缺的。

为什么要强调和重视理论老年学？为什么过去不强调理论的意义而在

---

① 本特森，谢尔.老龄理论手册［M］.林艳，等译.北京：中国人口出版社，2006.

② HOOYMAN N R, KIYAK H A, KIYAK H A. 社会老年学：多学科的视角［M］.周云，等译.北京：中国人口出版社，2007.

当下要特别强调？这与社会的整体变迁密切相关。传统的社会是一个相对短寿的时代，人们所追求的是活到老年期，老年人的人口比例也很小。因此，老年人的问题并不凸显，也没有什么话语。随着经济、科技与社会的发展，人口的寿命大幅度增长，老年人口的生命质量得到了大幅度提升，老年人的文化素质也大大不同于传统社会。这意味着老年人已成为一个社会无法回避的主体力量，老年人问题也从私人领域进入公共政策，成为政府和社会面临的社会性问题。同时，老年人的作用发挥也成为全新的议题。这召唤着老年社会学的兴起与发展。面对复杂的老龄化问题，尽管人人都可以说上两句，但是真知灼见需要专业的研究。目前的研究呈现"数据有余而理论匮乏"，简单的描述现象、分析问题、提出建议的三段论式成果缺乏深度，也难以给决策者提供较高价值的参考建议，原因就在于理论的滞后。

本书主张老年学理论或理论老年学应当在老年学知识体系中占据基础地位。它发挥着指导功能，为老年政策制定、老年服务的实践提供指引。轻视老年学理论，认为老年学理论对于实践的作用不大是一种误解。这本身是老年学理论发展的问题，而不是需不需要老年学理论的问题。相反，我们更应当推进老年学理论与老年实践的密切关联，促进二者的良性互动。老年学理论至少在三个方面发挥作用。其一，促进理论体系建构，深化学科发展；其二，为老龄化相关问题提供理论解释，回答老化现象的深层原因、影响因素、内在机制等；其三，为老年政策与服务提供理论上的方案，包括理念、原则、特定技术等。

为此，本书倡导老年学的"理论自觉"。社会学界广为讨论的"理论自觉"同样适用于老年学。这种"理论自觉"是一种理论意识，为理论的持续完善提供动力。这意味着要积极发展老年学理论，建设老年学理论体系。理论体系形成至少有以下三种途径。一是从实践中发展理论，基于社会调查数据、质性研究等方法从实践中发现问题，提炼概念，进而上升到抽象理论的高度，再回到实践中进行修正。二是建构老年学理论并在实践中检验。如果说第一种途径是归纳方法，那么第二种途径则是演绎的逻辑。三是理论内的整合。尤其是社会学积累了十分丰富的理论库存，将之带入老年的群体特征与语境下，创建内生的老年学理论是有可能的。

综上所述，我们研究老年学理论建构、建构完备的老年学理论知识体系根植于长寿社会的变化,是建设老年学学科的必然要求,是推进老年学"理论自觉"的需要,也是有效系统回应老龄问题的基础。

第二节　老年学理论的构成

理论构成的过程是基于概念形成变量,变量之间形成命题,而命题组成理论框架,理论框架由特定元素和关系组合形成完整理论。老年学理论则是围绕老年议题的理论体系。这些老年议题有哪些呢?其核心主题词是"老化"或者"衰老",与之相关的重要问题则涉及老化的原因、规律,老化的影响因素,老化的后果,老化的应对方案等。每一个重要问题都可以从不同学科视角切入,从而产生了丰富的理论。对于老化的原因和规律,生物学、医学最早开始探讨,并形成了一些衰老的理论。老化的影响因素则涉及更多的学科。传统的观点聚焦于老年人自身,而生命历程理论则考虑非老年期的影响,从而给老年学理论带来新的知识增长点。[①] 对于老化的应对方案,老年社会工作则提供了大量的实践性理论;教育学、管理学、社会政策学科都有可能贡献自己的理论。

老年学理论可以从不同的标准划分。首先,从理论的功能角度来看,老年学理论可以分为老年学基础理论和老年学实施理论。老年学基础理论可以称之为老年学元理论,它是围绕老年学根本问题研究的理论。例如,老年学的研究对象是什么,基本假设是什么,核心概念构建等。老年学实施理论是在元理论基础上围绕老年现象解释进而操作形成实践模式的理论。目前的主要理论集中于老年学实施理论,而对元理论缺乏充分的关怀。例如,老年学的研究对象是什么?这一问题尚未得到较好的回答。目前通常的回答是,老年学研究对象即老年问题,然而这一答案并不充足,它还没有进入学科对象的层面。正是在这一点上研究匮乏,导致老年学的理论碎片化,缺乏体系性。其次,老年学理论也可以从层次上分为宏观理论、中观理论和微观理论。宏观理论围绕老龄社会结构、政治经济政策等

① WELLIN C. Critical Gerontology: Comes of Age [M]. New York: Routledge, 2018.

展开，如老年政治经济理论等；微观理论则关注具体实践，如符号互动论、老年生物学理论、认知老化理论等；中观理论居于宏观和微观之间，关注老年群体，如老年社会支持理论、年龄分层理论等。目前的研究集中为微观理论，而对于中观和宏观的理论关怀不足。最后，从学科角度来看，老年学理论依据不同学科可以分成多类理论，常见的有老年生物学理论、老年医学理论、老年心理学理论、老年社会科学理论等。在对于人的认识上，人可以分为多个维度，例如灵性主义主张的人包括身体、心理、社会、灵性四个维度。老年人也是如此。因此，老年人的理论至少包括生理层面的理论、心理层面的理论、社会层面的理论和灵性层面的理论。其中，灵性层面的理论关注个体生命的终极意义、精神的终极价值。这对于老年人来说是格外突出的，因为老年人不得不面对死亡议题，而有关的生死观理论也就十分重要。

库恩提出了科学的"范式"概念。它是指科学家所共享的世界观、价值观以及方法技术体系。目前尚未见到有人专门研究老年学理论的范式成果。现有的教科书也主要是从学科的角度对老年学理论进行划分。虽然这有利于分类理解，但对于促进老年学理论的整合并不利，反而显现了老年学学科的内在分裂。从最简单的范式划分上，个体主义和整体主义是两个基本的范式，目前老年学理论也可以划分到这两个层面。但是这种范式分类还不充足，我们依然需要在哲学基础层面更为全面和深入地分析现有的老年学理论，从而可能归纳、形成内生性的老年学理论流派。当然，这本身也已经进入元理论层面的研究。

就特定的老年学理论而言，其构成主要包括四个部分。第一部分是理论的历史发展脉络，围绕特定理论的形成和发展过程，分析理论的演变与未来趋势，展现时间的线索。第二部分是特定老年学理论主要人物的观点，围绕本理论的核心概念形成解释性框架。这一框架针对老化及其相关议题展开。第三部分是理论的实践应用，主要围绕老年服务展开。第四部分是理论的贡献和不足，作出系统的评价。本书在设计各个章节的过程中也遵循着这样的逻辑展开。

第三节　老年学理论的历史脉络

对于老年问题的关注自公元前就已经开始，但是成为一门学科意义上的老年学则是近代的事情。老年心理学在 19 世纪开始，始于比利时人类学家阿道夫·凯特尔。他第一个系统地研究老年心理学并提出了相关的理论，从量化研究的方法入手探讨了随着年龄增长人的老化问题。① 20 世纪初，现代意义上的老年学开始出现，以老年医学为现代老年学最早的支撑学科，1909 年医生纳肖创造了老年医学（geriatrics）这一名词，随后出版了《老年医学》一书，标志着"老年医学"逐渐成为一门学科。20 世纪60 年代社会老年学的形成标志着老年学的正式完成。

目前的研究成果尚未见到针对老年学理论历史发展阶段展开的研究。本书认为，总体上可以把老年学理论分成三个历史阶段。第一阶段是 20 世纪初到 60 年代，早期老年学理论阶段。这一时期主要是老年医学的产生，催生了老年学学科。在老年社会学方面，代表性成果是 1948 年美国学者波拉克的《老年的社会调适》，它被认为是较早的关于老年社会学的一本基础专著。这一时期的理论围绕老年人"适应"的主题展开，如角色理论、活动理论。这些理论认为老年人应当适应晚年的角色，通过替代性活动增进老年人生活质量。第二阶段是 20 世纪 60 年代到 21 世纪初。1961 年，卡明和亨利出版《逐渐衰老》一书，是脱离理论的代表作，成为老年学理论发展的重要里程碑。脱离理论本身超越了学科的界限，第一次展现了老年社会学理论的价值，并得到承认。之后，老年亚文化群理论、连续性理论、符号互动论、社会交换论等被创建或引入老年学领域，进一步丰富了老年社会学的理论发展。第三阶段是 21 世纪初至今，批判老年学理论的兴起和发展。2018 年 Chris Wellin 首次出版了《批判老年学》著作。② 这一时期的主要代表性理论如"现象社会学和社会建构学"。这一时期的理论

---

① 高焕民，李丽梅. 老年心理学（第 2 版）[M]. 北京：科学技术文献出版社，2017.

② WELLIN C. Critical Gerontology：Comes of Age [M]. New York：Routledge，2018.

重新反思社会层面给老年人带来的影响，社会现象学和社会建构学审查了人们交往中产生的对于"老"的解释是如何塑造现实进而限制人们的活动的；这一阶段的研究群体从有问题的老年人转向正常、健康的老年人。

中国的老年学研究比较晚，20 世纪 60 年代才开始起步，其标志是1964 年中国第一届老年学与老年医学学术会议召开。1985 年中国老年学会正式成立，之后中国老年学得到了较大的发展。在 40 年的发展历程中，中国老年学的发展以引进西方的老年学理论为主，缺乏本土化的原创性老年学理论；老年医学的发展要好于老年社会科学的发展。整体上，老年学理论建设十分薄弱。近年来，尤其是 2018 年以来，老年学界开始了"理论自觉"，围绕老年学的理论建构意识增强了，本土化意识也提升了。一些学者开始倡导并建构老年学理论。例如党俊武呼吁建构中国老年学理论学派[①]；北京大学杨善华出版了《老年社会学》，从研究对象、核心概念、研究方法、理论框架等构建了较为系统的本土化老年学理论体系[②]。2019 年，教育部批准设置老年学作为普通高等学校本科专业。越来越多的高校人员加入老年学的研究队伍中，这意味着老年学理论研究人才队伍的壮大，也有可能加速本土老年学理论的生产。

第四节　老年学理论的发展趋势

基于国内外老年学理论的现状和前沿，本书试图总结老年学理论研究的趋势。

老年学的"理论自觉"不断增强，理论建构诉求日益突出。老龄化社会的出现是一个人类历史上全新的课题，它重塑了社会形态，并影响全球。这种老龄化还在不断加深，从老龄化到老龄化社会再到超老龄化社会，一系列新旧问题叠加，这就迫切需要在理论上进行系统思考，从而为老龄化实践问题的解决、老年学学科的成熟奠定基础。

---

① 党俊武. 老年学的拓升与老龄科学中国学派的建构［J］. 老龄科学研究，2019（5）：3-9.

② 杨善华. 老年社会学［M］. 北京：北京大学出版社，2018.

老年人多维化认知。我们对于老化的认识更为全面，逐渐强调老化不仅仅是消极的，也有积极的方面。例如，"积极老龄化"理念的内在之义就是我们要积极看待老年人，认为老年人是有潜能和资源的，从而努力将积极方面最大化。换言之，对老年人的研究呈现从被动观到主动观的转变。我们对于老年健康的认识也从治疗为主前移到预防，从被动医学观到主动医学观转向，从被动健康理念到主动健康理念转变①。我们对于老年人的需求认识更为多元化，不仅仅关注老年人物质的养老问题，也研究老年人精神文化需求、社会性需求等。

理论外借和整合趋势加速。老年学学科作为一个综合性学科还处于发展阶段，尚不能称之为一个成熟的学科。尽管医学、生物学、心理学、社会学、管理学、教育学等学科为老年学理论的创建提供了大量理论资源，老年学也因此形成了大量外借理论。但是这些理论还需要经历一个整合再造的过程，从而形成具有老年学学科特质的理论。目前，社会理论进入老年学有着巨大的空间，也正在加速输入。例如，当前老年学理论的前沿理论之一社会环境理论，就是汲取社会理论而创建。当前老年学理论比较薄弱的另外一个环节是老年经济学理论，尤其是围绕老龄化对于经济社会深远影响的理论研究不足，而这已经被纳入多国的研究议题中。

从碎片化到体系化。目前的老年学理论并不少，据不完全统计，有近300个相关理论。但是这些理论之间的逻辑并没有厘清，尚待进一步归类。这本身与老年学基础理论或元理论研究匮乏有关。进言之，只有进一步明确老年学的研究对象是什么，探讨相应的哲学原理、方法论以及假设才能建构体系化的老年学理论。目前，这一点已经逐渐取得共识。

本土化老年学理论的建构。法国是世界上第一个进入老龄化社会的国家，西方发达国家较早进入老龄化社会并积累了丰富的实践经验，理论的研究也较为丰富和前沿。中国等发展中国家主要是在西方理论的影响下探索老年学理论与实践。总体上，这种西方理论输入方式仍占据主导地位，但是本土化的老年学理论建设已经得到越来越多学者的认同。借鉴卢中华、王玲（2020）提出的"商贸物流集群高质量发展的生产本地固化机

---

① 李祥臣，俞梦孙．主动健康：从理念到模式［J］．体育科学，2020，40（2）：83-89.

制"，老年学理论须基于老年人的时间而构建，老年学理论是基于老年人
的实践而建构，这种实践必然是基于特定的政治、经济、文化和社会环境
形成的。因此，在移植西方老年学理论的过程中，老年学理论逐渐适应本
国特点进行本土化改造成为不可回避的议题。

▌思考与练习

1. 试述当代社会中老年学理论的重要性。
2. 当代老年学理论主要由哪几部分构成？如何进行分类？
3. 简述老年学理论的历史脉络。
4. 论述老年学理论的发展趋势。

第二章

西方生物学衰老理论

从生物学角度来看，衰老也称为老化，它是指机体对环境的适应能力进行性降低、逐渐趋向死亡的现象，属于生命周期中的正常过程之一。衰老可分为两类：生理性衰老和病理性衰老。前者是指成熟期后出现的生理性退化过程，后者是指由于各种外来因素，比如疾病所导致的老年性变化。总之，衰老是病理、生理过程综合作用的必然结果，是个体生长发育最后阶段的生物学过程。

生物学衰老理论即关于人类衰老原因和机理的理论，是老年生物学的核心内容。它的研究目前尚处于学说阶段，虽然其进展情况也越来越受到生物学界的关注，但迄今没有一种理论能完全说明生物衰老的全过程。

第一节　西方生物学衰老理论形成与发展

早在几千年前，人类就热衷于研究生物的衰老变化，但对于衰老本质的认识，从古代直至 19 世纪中期仍处于解释现象、阐述经验和描述疾病阶段。

受到技术、认知等因素的限制，古代人们只能以超自然的神来解释人类的衰老现象，认为人类的衰老是由神控制的，所提出的衰老理论大部分都充满着唯心主义的气息。这体现在早期的各种神话、传说以及宗教信仰中。

古希腊罗马学派的出现使当时的医学研究有了巨大的变化和飞跃：从神性走向了科学，人们的注意力由神开始转向自身，不再迷信地认为衰老被超自然的神控制，而是用体液学说来解释，即当人类体内存在的体液耗尽，人类的寿命也随之终止。

中世纪以后，普通大学和医学学校的研究为医学的大众化奠定了基础，同时人文主义逐渐取代教条主义而步入主流，人类意图通过专业医学与实验来探究衰老的本质。

17世纪，布鲁诺等人用鲜血和生命换取思想自由。遵循文艺复兴时代自然科学家的精神，在医学知识积累的基础上，人类对生命的认识逐步深入更高的层次。同时，人类在认识自然规律的基础上，哲学思想不断进步，也加速了自然科学的发展。

从19世纪中期起，衰老理论的研究开始步入唯物主义轨道，人们逐渐认识到衰老与疾病的关系，并深入研究衰老的真正原因，这为20世纪全面研究衰老进一步奠定了基础。

在21世纪初，随着基因研究和分子生物学的兴起，有关衰老理论的研究进入了一个崭新的时代，即衰老理论的探索已从整体水平、器官水平迈向细胞水平、分子水平，这具有划时代的进步意义。

第二节　西方生物学衰老理论的人物观点

一、古代衰老理论

公元前5世纪，被西方尊为"医学之父"的古希腊医生希波克拉底提出了"体液学说"，他认为人体由血液、黏液、黄胆汁、黑胆汁四种体液组成，它们分别具有热、冷、干和湿特性。他认为人的生命是通过这四种体液的流动来维持的，它们相互调和、平衡。如果平衡被破坏，人就会生病。他还将人生分成四个阶段。童年是热和湿的，青年是热和干的，成年是冷和干的，老年是冷和湿的，并说人间最好的医生乃是阳光、空气和运动。

被但丁称作"智者中的大师"的亚里士多德是古希腊时期伟大的思想家、哲学家、科学家。他认为老年的死亡是自然的、不可避免的。他认为地球上的物质是由水、气、火、土四种元素组成，由这些元素组成的物质是注定要死亡的，而天体则由"以太"组成，是永恒的和不消亡的。由于受到希波克拉底的影响，他认为老年是不正常的冷和干。他还把老年人不断减少的"先天之热"比作易吹灭的微弱火焰。他在《论青年与老年，论生与死，论呼吸》一书中详细论述了衰老与死亡的理论，认为保持热量对于维持衰老时不断下降的生命活力是必要的。他提出的动物中凡生长发育期长的，其寿命也长的观点，已被现代科学证实。[①]

盖伦是古罗马时期著名的医学大师，被誉为"内科医学的王子"。他总结了希波克拉底以来的成就，创立了自成体系的医学理论。他认为人生来就有一定的内湿，然后不断干掉，当内湿耗完时，人就会死亡。内湿干掉的过程，也就是衰老的过程。他认为生物在胚胎时期就已经开始衰老，在内湿干掉的过程中，组织和器官逐渐发育，身体也随之生长发展。人到成年以后，干的过程由有益变成有害。于是在内湿逐渐干掉时，人身体也变得越来越冷。盖伦的衰老理论隐含了一个观点——如果一个人能保持内湿，那么他就能长生不死。

罗格·培根是近代实验科学的思想先驱，他主张靠实验来弄懂自然科学、医学、炼金术和天地间的一切事物。他认为内湿的丢失是可以中止的，甚至可以逆转。做到逆转的两个关键就是养生学和药理学。培根的养生法并没有偏离传统手段，例如控制饮食、体操运动、呼吸、排泄、性生活、休息和情绪等方面。为了补充内湿，培根把希望寄托在药理学上，而且培根还列出了许多具有神奇效果的抗衰老药物，例如珍珠、珊瑚、迷迭香。现在的实验证明，其中一些物质确实有延缓衰老的效果。

二、近代衰老理论

John Floyer 是文艺复兴时期老年医学方面最重要的人物，他编写的《老年保健学》是第一本关于衰老的英文著作。他劝诫人们凡事需要节制，并认为按照老年人的体质进行适当的热水浴或冷水浴可以有效缓解衰老。有些人认为他的这本书是老年病学方面的第一部现代教科书。

弗朗西斯·培根是英国近代史上伟大的哲学家、科学家。他的长寿和衰老理论大部分来源于亚里士多德和盖伦，他对衰老的解释是活力论和体液论，他置换了内热和内湿概念，而用了精气，相当于中国的元气。这种精气是身体必需的，它能逃逸到空气中去，能耗干液体，燃烧完身体的油。

---

① 陈雄. 衰老与长寿的理论研究概要［D］. 长沙：湖南师范大学，2006.

葛德文是 18 世纪的启蒙思想家，他认为人可以通过精神影响物质从而延长寿命，并且人通过自身的不断完善最终能够克服死亡。在他的研究中，好的情绪能治疗身体的不适，不快乐的情绪能导致器官的疾病，所以他提倡延缓衰老须以意识进行为主，而不是潜意识为主的心理治疗。

1899 年，俄国学者鲍特金对 2240 名老年人的健康检查报告分析后认为，人并不是因为疾病才会衰老，而是因为衰老才会易患疾病。这一论断，第一次深刻地揭示了衰老与疾病的关系，从而使得人们的研究方向发生转变，转而侧重对老化原因和机制的研究。

三、现代衰老理论

随着现代科技与医学的不断发展，一大批现代衰老理论被提出，但由于研究者的观察角度不同、位置不同以及研究方法的不同，得出的结果不同、准确程度也不同。[①] 从衰老理论的整体发展脉络来看，衰老理论的研究始于整体水平和器官水平，到现代才进入细胞、分子水平的研究。

（一）整体水平和器官水平的衰老理论

衰老理论在整体水平与器官水平方面的研究认为任何生物，包括人类，当其生长发育达到成熟期以后，随着年龄的增长，在形态结构和生理功能方面都必然出现一系列退行性变化，并且这些变化往往是全身性的、多方面的，有的表现较为隐蔽，有的则十分明显。

衰老理论的整体水平和器官水平研究，主要表现在形态和功能两个方面。细胞、组织、器官的退行性改变引起整体水平与器官水平的形态变化，并且在逐步衰老的过程中，细胞的凋亡或坏死导致细胞数量逐渐减少，人体器官萎缩、变性、组织弹性减低等，从而引起多种生理功能的逐渐减退。但由于各种人体器官具有自身特异性，因而它们功能减退的程度各有不同；又因个体具有不同的综合功能，所以衰老常以复杂的形式表现出来。这就是生理性衰老的特征。随着年龄的继续增长，老年人的内环境可能处于"失衡"的边缘，某些组织、器官、系统的结构与功能发生特异

---

① 张赛君，张先凡. 衰老理论与学说 [J]. 中国医药科学，2011，1（20）：39-41.

性变化，就可能引起老年性疾病，这就是病理性衰老的特征。[①]

衰老的整体水平和器官水平的研究是开展细胞水平、分子水平研究的基础，只有认识了衰老变化的规律和特征，才可能对衰老机制有个初步的认识。整体水平与器官水平的衰老理论研究也为人类下一步对细胞、分子水平的研究奠定了理论基础。

（二）细胞水平与分子水平的衰老理论

现代医学中关于细胞水平与分子水平的衰老理论包含自由基学说、线粒体 DNA 损伤学说、遗传程序学说、端粒学说、交联学说等，但前三种学说更具有代表性。

1. 自由基学说

自由基学说是在 20 世纪 50 年代中期时由美国学者德纳姆·哈曼（Denham Harman）首先提出，其后得到许多学者的认可。该理论认为，机体本身既可产生自由基，又配置了自由基清除系统，如超氧化物歧化酶（Superoxide Dismutase，SOD）等，以此维持机体的正常活动。随着机体年龄的增长，两者难以维持平衡，导致自由基过剩。过量的自由基引发脂质过氧化，严重地损伤细胞，形成脂质自由基并产生过氧化脂质（Lipid Peroxides，LPO），进一步损伤生物大分子而导致衰老、死亡。自由基数量过多或机体清除能力下降则可能会引发衰老、癌症、休克和炎症等多种疾病。

但研究表明，自由基对机体健康也有一定的积极作用，比如，少量的自由基对于抵抗局部感染等具有一定的作用。因此，近年来，越来越多的学科深入研究"抗衰老"，其中有关"自由基"的研究更倾向于使机体内的"自由基"水平保持在氧化和抗氧化防御之间的平衡状态，而不是彻底清除，况且"自由基"的产生是随细胞代谢而产生的。所以，人们目前依据"自由基学说"而产生的"抗衰老"方法主要表现在"清除自由基物质"的应用上。除此之外，关于"限制卡路里"摄入抗衰老等方法的原理也大多基于通过控制"氧耗"来减少自由基的生成。[②]

---

① 曾尔亢. 衰老机理研究的新进展 [J]. 中国老年保健医学，2006（3）：3-5.
② 张腾江. 人类的衰老与抗衰老理论 [J]. 中国医疗美容，2013（1）：32-35.

2. 线粒体 DNA 损伤学说

线粒体 DNA 损伤是近年来国际上研究衰老机制的热点。有学者认为它是细胞衰老与死亡的分子基础。线粒体调节能量（ATP）产生、凋亡和铁硫簇合成等多种细胞过程，在机体能量代谢中起重要作用。在线粒体中，氧化磷酸化生成能量（ATP）时，约有 1%~4% 摄入的氧会转化为氧自由基，而线粒体 DNA 由于缺乏组蛋白和 DNA 结合蛋白的保护，极易受到氧自由基损伤，最终导致线粒体 DNA 片段缺失，如阿尔茨海默病、帕金森病等老年性疾病均发生不同程度的片段缺失。[①] 当线粒体 DNA 损伤时，能量（ATP）产生就会减少，影响细胞的能量供给，从而导致细胞、组织、器官功能的衰退。由于线粒体是机体产生氧自由基的主要场所，因此线粒体的变性、渗漏和破裂都是细胞衰老的重要原因。延缓线粒体的破坏过程，可能对延长细胞寿命，进而延长机体寿命有一定的帮助。

3. 遗传程序学说

遗传程序理论侧重强调"遗传物质在人体衰老"中的作用比例。该学说的支持者认为，当生物成年后，其机体内"导致衰老"的基因开始作用，决定生物的寿命。但多数研究认为"遗传控制说"没有考虑到环境等外部因素对"衰老"的影响。虽然遭受质疑，但近年来越来越多有关"衰老基因"的基础实验资料均表明，位于染色体上的"某些特定结构（碱基序列）"在决定机体的"衰老"方面确实起着"主要"作用；并且得出，"衰老并非单一基因决定，犹如肿瘤发病过程中癌基因与抑癌基因相互制约一样，衰老相关基因亦应有正（长寿基因）、负（衰老基因）之分。衰老相关基因很可能是一个基因群"。[②]

（三）程序性衰老学说和随机性损伤学说

西方衰老研究工作者对众多的衰老理论进行了整理分类，其中热门的分类方法是根据衰老的过程，学者将其划分为程序性衰老学说和随机性损伤学说。

---

① 孙晓康，张艳艳，张晓元，刘英梅，张秀华，孙新晓，陈勉，刘飞. 衰老机制及抗衰老治疗的研究进展［J］. 食品与药品，2022，24（1）：74-80.
② 张腾江. 人类的衰老与抗衰老理论［J］. 中国医疗美容，2013（1）：32-35.

1. 程序性衰老学说

程序性衰老学说，即"遗传程序学说"，认为生物的一生随着时间循序发生的各种衰老变化均是预先注定了的，是由遗传基因所决定的。该学说的重要实验依据是美国学者海弗利克等发现的细胞有限分裂现象，即人体胚胎细胞传代数与其组成机体的寿命长短相关。

程序性衰老学说在生物寿命上的验证包括：1. 不同的生物种类具有不同的寿命或寿限；2. 家谱调查证实了寿命与遗传的相关性；3. 双胞胎子女寿命大致相同；4. 不同性别存在寿命差异，如 Rockfcin 发现雌性寿命长于雄性；5. 基因对体内生化系统存在着影响，并随着增龄机体对外在病因的易感性增强等。[①]

2. 随机性损伤学说

随机性损伤学说又称环境论。1956 年自由基衰老理论的提出使随机性衰老理论的研究正式进入分子水平；此后，该理论又进一步发展为氧化应激衰老理论。该系列的理论很好地回答了需氧生化副反应的随机伤害，并一跃成为最受关注的衰老理论。[②] 它在承认遗传程序学说的基础之上，更强调环境因素的影响，认为衰老是由于机体内外部各种不利的环境因素引起细胞、组织和器官的随机性损伤或生物大分子信息误差的积累所致。这些损伤或误差的进行性和累积性毁坏的结果使细胞和器官的正常功能不能发挥、机体本身的修复机制失灵，导致机体的生理功能下降、激素水平变化、免疫系统功能减弱，因而逐渐衰老、病痛和死亡。

第三节　西方生物学衰老理论的实际应用

将西方生物学衰老理论运用到当下的老年服务过程中，应当充分考虑当下的社会现实情况，根据服务场域中老年人养老服务的多元需要，实现养老服务内容与老年人需求的统一，确保老年服务工作的有序开展。当前

① 许士凯. 衰老理论与心血管系统老化研究进展［J］. 实用老年医学，1989（3）：127-129.

② 李国林，印大中. 近代衰老理论研究进展［J］. 中国老年学杂志，2008（8）：824-827.

我国政府大力提倡老年人"五有"，即"老有所养、老有所医、老有所为、老有所学、老有所乐"。它们不仅包括人生存所需的基本需要，也包含了个人参与和自我发展的需要，这是对发展和改善老年人福利状况的一个参考依据，① 也是当下老年服务的工作目标。

一、注重老年服务中的生理服务

首先，根据希波克拉底的衰老理论，延缓衰老的关键是足够的阳光、空气和运动，所以在提供老年服务工作的过程中，不建议一味让老年人在室内静养。在条件允许时，应当鼓励老年人进行适当的户外身体锻炼、沐浴阳光，例如广场舞、太极拳以及散步等。这不仅有利于促进钙、磷的吸收以及血液循环，增强骨骼功能，改善机体的新陈代谢，而且还能提高身体的抵抗力和免疫力，佐证了鲍特金通过降低一些疾病的患病率来预防或延缓衰老的观点。

其次，罗格·培根认为通过养生学和药理学两种方法能够有效延缓衰老，且 John Floyer 也赞成保健与养生对缓解衰老有着很好的效果。随着现代科技的进步，许多养生方法得到了认可，医养结合成为现代养老服务的主流手段。在老年服务的过程中，人们不仅注重疾病的治愈，也注重日常生活中的保健护理，加入了更多科学的养生方法。例如，医学研究表明老年高血压患者可以通过降压保健操和相关的健康管理来控制血压，调节心血管体液因子的表达。

最后，随着年龄的逐渐增长，人体的机能会发生退行性变化，从而导致许多特定疾病的危害性以及死亡率上升。为了更早地发现、预防身体存在的问题以及了解老年人的身体状况，我们须对老年人进行定期体检。政府通过完善老年人社区卫生服务体系，做好社区卫生服务机构与医院的配合与链接工作，合理配置医疗资源，满足老年预防、保健、医疗、康复等一体化的服务需求，解决老年人看病难、看病贵的现实难题，为形成老年

---

① 迟向正. 基于生理和心理需求研究的养老院人性化设计［D］. 天津：天津大学，2008.

人"首诊在社区、治疗进医院、康复回社区"的科学康复护理模式提供保障。①

二、注重老年服务中的心理服务

葛德文认为，人可以通过精神影响物质从而延长寿命，并且一个健康的心理状态能够治疗身体产生的不适。同时，现代科学研究表明，心理健康和生理健康有着密切的联系，心理不健康会严重影响生活质量，甚至损害躯体健康。对老年人来说，消极的情绪往往是引起或激发某些疾病的心理因素；相反，积极的情绪则可以增进身体健康，达到延年益寿的效果。所以，老年服务不能只侧重提供医疗保健和照料护理等老年生理服务，而应当将心理咨询、精神慰藉等专业化的心理服务也纳入老年服务的重点项目，在"老有所养"的同时，实现"老有所学"、"老有所乐"和"老有所为"，提升老年人幸福感。② 当今，老年心理服务应当注重以下四个方面。

1. 退休综合征

退休综合征是一种老年期典型的社会适应不良的心理疾病，是指一些老年人虽然在年龄上达到了退休年龄，但身体各方面却依然健康，完全具备继续参与社会工作的条件和能力，当其退休后由于不能顺利地适应新的社会角色，从而引起多种心理障碍和身心功能失调的综合征。比如产生自我怀疑、自我否定等消极情绪，认为自己是社会发展的"包袱"以及儿女生活的"累赘"，从而不愿意参与社会交往。所以我们在对即将退休的老年人提供服务时，应当注重让老人做好退休的心理准备并制订退休后的生活计划，预防退休综合征。对于已经具有退休综合征的老年人，我们应当积极对其进行心理调适，拓展他们的参与领域，培养他们积极参与更多活动领域的意识和技能，从而充分发挥他们的潜能，帮助老年人摆脱心理失衡，适应当下的退休生活。

---

① 张洋．我国社会养老服务体系完善研究［D］．长春：东北师范大学，2016.
② 同①.

2. 娱乐需求

首先，政府在提供老年服务时，应当突出政府公共文化服务的职能，尽量消除老年人在接受文化养老服务时的障碍，将更多公共资源免费或优惠地向老年人开放，例如旅游景点、老年大学等。政府为组织老年人参与文体活动、公益活动搭建平台，解决老年人消费能力有限与社会参与需求之间的矛盾。其次，政府在社区中也应当增设养老机构和日间照料场所外的娱乐场所，满足高层次需求，同时也需要增加服务设施的数量以及种类，使老年人能够根据其自身状况与兴趣，拥有更多的选择空间。

3. 哀伤辅导

哀伤辅导是指协助人们在面临悲伤事件时，能够在合理的时间内使人们抒发悲伤情绪，并健康地走完哀伤历程，以增进重新开始正常生活的能力。其终极目标是协助生者处理与逝者之间因为失落而引发的情绪困扰，并完成未竟事务。

现阶段，亲人、朋友的相继离世，尤其是丧偶，严重影响着老年人的晚年生活质量。很多人失去精神寄托后因此产生消极的情绪并陷入其中，轻则增加引发痴呆症等疾病的风险，重则会产生轻生的念头。所以在老年服务中，我们需要及时为各种遭受失落痛苦的老年人提供哀伤辅导，通过倾听老年人诉说，鼓励其用哭泣、书信等方式抒发悲伤的情绪，从而减轻老年人精神层面的情绪负荷，协助其适应外在环境，促进老年人重新建立自我和社会关系，积极面对生活。

4. 临终关怀

临终关怀又称安宁照顾、善终服务等，主要是对生命临终的病人及其家属进行的生活护理、心理安慰以及社会服务等全方位的缓解性、支持性关怀照顾。临终关怀的焦点是生活，而不是死亡。它的实质不是延长寿命，而是丰富生命，追求生命的品质。

完整的生命过程应包括死亡，这是不容置疑的客观事实，也是每个人应当要面对的事实。近年来，由于生活水平的提高以及医疗技术的进步，人们在抢救生命、延缓生命的同时也越来越重视对患者心理需求以及情绪变化的照顾。在老年服务中，我们建议倡导并推广临终关怀机构服务，并通过加强死亡教育，缓解老年人对死亡的恐惧以及不安。

三、注重老年服务中环境因素的影响

从随机性损伤学说中可以得知，人的衰老除了受到人体机体的内部因素影响，同时也会受到外部环境因素的影响。对于老年人机体内部环境的改善，也需要注重创造老年人外部积极环境。

1. 社会环境

首先，国家应制定完善老龄产业发展的中长期规划，有关部门研究并出台相关产业扶持发展政策措施，通过财政直接投入、社保基金转移等手段引导更多社会力量投入老龄产业，缓解老年服务产业供求失衡的现状。其次，政府也应当对老龄产业在行业指导、运营监管、市场准入和退出等诸多方面形成比较完善的管理体系和管理机制。并在向全体老年人提供基本养老服务的同时，充分考虑不同收入阶层的老年人对于养老服务的需求，重点向老年特殊群体、弱势群体作出政策倾斜，保障低于贫困线的老年人有特殊的医疗关怀，使每个老年人都能有尊严地度过晚年生活。最后，在保障老年人接受社会养老服务权益的同时，政府也应当通过政策鼓励家庭和社会中的爱老、敬老、养老、助老行为，形成支持养老服务发展的社会氛围，建立支持养老、助老先进个人及组织的激励机制，创造一个有利于社会养老服务体系发展的客观环境。

2. 社区环境

当前我国社会提倡以"居家养老为基础，社区服务为依托，机构养老为支撑"的综合性、社会化养老方式，老年人的养老场所主要是在社区内。在社区内应当积极配建养老设施，如日间照料中心、多功能老年活动站、活动室等。同时，社区也应当考虑老年群体的身体机能情况，完善通行无障碍系统以及急救设施的建设，避免存在一定的安全隐患，为实现更好的养老服务提供必要的硬件基础。[①]

3. 居住环境

老年人日常生活中的大多时间都处在居住环境中，他们对住宅的依赖

---

① 周燕珉，王富青."居家养老为主"模式下的老年住宅设计 [J]. 现代城市研究，2011，26（10）：68-74.

程度和要求要远远大于年轻人，所以住宅规划及相应设施的适老化设计在老年服务中起着相当重要的作用。首先，住宅设计应当充分考虑老年人的生活习惯，为可能出现的紧急情况做好准备。比如在卫生间中增设防滑扶手、防滑地面，并尽量消除房屋内的高差设计。有条件的家庭应当为有特殊情况的老年人进行专门的住宅设计，最大限度避免老年人在家中跌倒、滑倒等事故发生，便利老年人的生活起居。其次，对于与子孙儿女一同居住的老年人，住宅设计还应当注重老少居住空间的分隔性：为老年人留有一定的独立空间，保障老年人生活的私密性，避免由于老年人与年轻人的生活节奏存在差异而相互干扰。最后，住宅的设计还需具备可改造性。最初的设计应为后期的改造留有空间和构造方面的充分余地，使其能够适应不同养老时期老年人的需求，减少后期对住宅进行改造或加装设施的困难。[①]

第四节　西方生物学衰老理论的影响与评价

从西方生物学衰老理论的发展脉络中可以看出，生物学衰老理论的研究随着经济与科技的发展逐渐从迷信趋向科学，由浅层的猜测走向对衰老内在本质的研究。研究者试图寻找"长生不老"的方法，但最终发现能做的也只是在一定程度上推迟衰老的进度并减轻个体在衰老的阶段的种种"不适"。

西方生物学衰老理论库存丰富，是最早围绕"衰老"进行研究的学科，从不同的角度展开研究，形成各类学说。未来在"衰老"这个命题的背景下，各种衰老学说及"抗衰老"机制逐渐互相渗透，共同解密生命的奥秘。这些理论主要从生物或生理学角度切入，逐渐扩展到心理层面、环境层面，但生理维度依然是主流。这为衰老理论的深入和系统化研究奠定了基础。

同时，生物学理论过度聚焦于生理层面，对于心理和社会的关怀不足，缺乏对于人的全面认识，衰老的理论也存在着较大的局限性。对于生物学的理论研究也存在着实体论的弊端，即一直试图寻找衰老的内在本质，而对于关联性的重视不足。

---

① 刘燕辉.老年社会与老年住宅［J］.建筑学报，2000（8）：24-26.

┃ 思考与练习

    1. 简述西方生物学衰老理论的形成发展史。

    2. 西方生物学衰老理论都有哪些人物？他们的观点分别是什么？

    3. 结合我国情况，试述西方生物学衰老理论在我国的实际应用。

    4. 分析西方生物学衰老理论的影响与评价。

第三章

中医衰老理论

第一节　中医衰老理论的形成与发展

中医很早就开始对"衰老"进行研究。《黄帝内经·素问》记载："故非出入，则无以生长壮老已。"这句话指出，生命进程的基本规律是出生、成长、壮实、衰老、死亡。但是衰老的表现程度因人而异，它受个人体质状况等内在因素和环境等外在因素的综合影响。中医衰老理论的形成和发展对探究衰老的本质和抗衰老有重大意义。

一、中医衰老理论的形成

中医对衰老的了解和钻研历史悠久。早在两千多年前，《黄帝内经》就已经记载了人类衰老的相关过程。《黄帝内经·素问》曰："女子……五七，阳明脉衰，面始焦，发始堕。六七，三阳脉衰于上，面皆焦，发始白。七七，任脉虚，太冲脉衰少，天癸竭，地道不通，故形坏而无子也。丈夫……五八，肾气衰，发堕齿槁。六八，阳气衰竭于上，面焦，发鬓颁白。七八，肝气衰，筋不能动。八八，天癸竭，精少，肾脏衰，形体皆极，则齿发去。肾者主水，受五脏六腑之精而藏之，故五脏盛，乃能泻。今五脏皆衰，筋骨解堕，天癸尽矣，故发鬓白，身体重，行步不正，而无子耳。"[①] 由此可见，人的衰老与心、肺、肝、脾、肾五脏虚衰关系密切。衰老并不是始于老年时期。衰老是人的生命进程经过出生、成长到达成熟期之后，在组织、形态和生理性能等方面产生的一系列退化性、慢性的变化。中医认为，衰老的根本原因是由"肾虚、血瘀、湿热"引起脏腑功能的失调，导致机体出现衰老现象[②]。

自古以来，中医对衰老问题的看法多有不同。虽然中医研究衰老所提出的学说很多，但按照叙述次数、影响程度、科学程度归纳区分，肾虚、

---

① 李佳佳，马健. 中医衰老理论与抗衰老的实验研究进展［J］. 中医学报，2013（2）：213-216.

② 冀小伟，张连城. 中医对衰老的认识［J］. 中医杂志，2013（17）：1527-1529.

脾虚及气血虚损才是中医衰老理论的关键核心。中医学特有的衰老理论概括起来可分为主虚说、虚实夹杂说和人体衰老原因综合说三类。

主虚说包含肾虚衰老说、脾胃虚弱衰老说和多脏器虚弱衰老说。该学说认为,当人步入衰老时期,人的机体就会发生一系列的退化性的形态结构和生理功能的变化。人体的衰老虽然是内在要素与外在要素综合作用的结果,但起主要作用的是内在要素,起次要作用的是外在要素;而引起衰老的根本原因是肾虚。

虚实夹杂说包括气虚血瘀衰老说和脾肾两虚夹瘀衰老说。邪盛和正衰同时并存的病理变化发展是因为邪正相争。因此称之为虚实夹杂。虚象和实象并存的缘由是病情复杂。《黄帝内经·素问》曰:"邪气盛则实,精气夺则虚。"《养老奉亲书》中记载:"年老之人,痿瘁为常。"脏腑机能痿瘁,脏腑组织、身体四肢、全身的机理性能衰退,这些是老年人重要的生理特点。该学说认为,由于老年人气血虚损、脏腑失调、多脏受损、阴阳失调的生理病理特点,使得老年人常表现为因虚致实、本虚标实的虚实夹杂的复杂特点。

人体衰老原因综合说认为,提前衰老的现象与各种因素有关系,如情感因素、生活方式、遗传因素、社会因素、环境因素等。生活中遇到的挫折、落后的风俗习惯、家庭朋友亲人之间不和,甚至国家和世界的战争问题等,都可能引起人的心神紊乱,进而导致人体代谢的功能错乱,造成早衰现象。为了避免早衰的出现,延缓衰老,人理应保持平和的心态,正确面对困境。[①]

二、中医衰老理论的发展

20 世纪 50 年代以来,中医运用现代科学技术结合古籍记载的方法着重研究了衰老的本质,进行了大量的学术研究。溶酶体膜损伤学说、染色体畸变学说等新学说被提出。这些学说从不同层面解释了衰老的本质,为推进现代衰老理论的发展作出了重大贡献。

---

① 刘占文,李玮. 中医对衰老理论的研究概述 [C] //中华中医药学会. 中华中医药学会养生康复分会第十二次学术年会暨服务老年产业研讨会论文集. 北京:[出版者不详],2014:433-442.

20 世纪 60 年代以来，中医、中西医结合在神经内分泌、免疫、代谢、微量元素等多方面对衰老本质及延缓衰老的机理进行了大量研究，主要在肾虚致衰及补肾延衰方面的研究取得了重大进步。

20 世纪 80 年代以来，随着科技的发展，中医加深对衰老的研究，利用血液流变学、微循环等新技术，推动了中医对衰老本质的认识以及中医衰老理论的发展。近年来，许多新学说接连被学者们提出，主要有：气虚血瘀致衰、脾肾两虚血瘀致衰、生理性肾虚、生理性肾虚血瘀、老年性肾虚血瘀综合征等具有鲜明中医和西医结合的观点。不同类型的老年病在其发展过程中所具有的共性的变化规律，肾虚血瘀很好地反映出此规律。采用补肾健脾、活血化瘀、疏肝理气等方法来延缓衰老，发展了中医的衰老理论①。

中医认识衰老的过程和本质的角度始终都是从自组织理论来看的，并将中医衰老理论运用在预防衰老、延缓衰老和养生中，开创更有意义的抗衰老的途径，强调正本须先固元。总之，关于中医衰老理论的研究起源于 2000 多年前。之后，伴随着科技的提高和发展，中医对衰老的认识和研究有了新的突破，研究的深度和广度也得到了扩展，中医衰老理论也逐渐完善。

第二节　中医衰老理论的人物观点

随着年龄增长，人们身上的各个组织器官会慢慢地衰老，人体的免疫系统也会随之降低，人体衰退是一个过程，是每个人都需要经历的。中医认为衰老与脾、肾、精气血等存在着直观的变化联系。

一、早期人物理论观点

中医衰老这一系统理论的出现可以追溯到先秦时期，关于中医衰老这

---

① 陈学忠. 中医衰老理论的继承和发展［C］//中国中西医结合学会. 第七次全国中西医结合虚证与老年病学术会议论文摘要集. 北京：［出版者不详］，2003：166-169.

一理论自古时先人便对其作出过比较全面的思考与理论阐述。从《黄帝内经·素问》中，黄帝对岐伯问及，上古时期的人，年龄过百，而动作不衰，今时之人为什么年过半百就出现了衰弱无力的现象。岐伯回答，"今时之人则不然也，以酒为浆，以妄为常，醉以入房，以欲竭其精，以耗散其真，不知持满，不时御神……起居无节，故半百而衰也"。其大体意思是：现在的人们不同于上古时期的人，现在的他们将酒当作水来饮用，经常不知节制过度地肆意妄为，常常因为纵欲过多而导致自己身体精力短缺、真气消耗从而身体虚弱，不擅长保养精神、专心致志而贪图享乐、昼夜颠倒、不注重作息规律，致使他们年过半百就出现了衰老之样。

可见，早期中医认为不健康的生活习惯等方面问题才导致身体出现衰老的现象。人的生命长短与人的精气的盈亏有着直接的相关联系，正所谓脾肾与精气紧密相关，因而在《吕氏春秋·季春纪·尽数（之二）》中认为："精气之来也，因轻而扬之，因走而行之，因美而良之，因长而养之……流水不腐，户枢不蝼，动也。"正所言聚集精气让它们汇入一个地方，聚集在飞鸟们身上，便能一起在空中飞舞，聚集在走兽便能一起行走，汇聚在珠宝玉石中和其珠宝一样透亮晶莹……依附于智者使其有形体更加聪明。流动的水不会腐恶发臭，转动的门轴不会生虫朽烂，这是由于不断运动的缘故。这篇文章含纳了春秋战国时期思想家的思想精华，对精气神在人们生命的过程中所起的作用进行了深度的思考，通过对自然、道法的思考寻找延缓衰老的行为方法。现代科技研究证明，古时所著述的理论、各种学说具有科学性、真实性，对如今的中医衰老理论的进一步发展奠定了根基。

二、近现代人物理论观点

中医理论认为，人体衰老主要是以肾虚为主、精气血亏空为次的原因所导致。肾居于人体中心，是我们的先天之本，如果肾虚衰弱，那么人体的元气就没有办法顺利地通过身体脉络到达五脏六腑，脾脏虚弱情况下身体就会出现疾病，久而久之就会出现无可逆转的情况，从而难以使人长命百岁、安享晚年。

通过对 878 位中老年人的身体调查，结果表明随着年龄的逐渐增长变化，人体各个器官机能造成了虚损，从而致使各个器官的发病率成倍增加。①《脾胃论》中曰："真气又名元气，乃先身生之精气也。非胃气不能滋之。""脾胃气既伤，而元气亦不能充，而诸病之所由生也。"② 脾是身体的后天之体，它在身体中主升即脾气上升扩散的作用，能够吸收我们日常生活中食物中的营养，并传输、供予给身体的各个器官用来维持它们的正常生命运动；脾还是全身的血液管理者，当人体衰老时一些器官会出现出血的症状，这是身体在向我们反映它出现的问题。其实在金元、明朝时代，中医学在关于内外衰老两个方面就曾提出过《脾肾论》的观点。

中医角度认为，衰老不仅仅表现在人的中老年时期，在人们青年或者婴儿时期衰老就存在。从婴儿时期说起是因为婴儿在母亲胎腹中发育异常，从而就可能有因个别器官未健全而引起的身体衰老。青年时期是由于过度地使用、超额支出自己的身体健康继而引发的肾、脾等器官导致衰老。但是纵观全世界的相关数据，衰老这方面还是以老年人为主，所以衰老的关注人群应以老年人群为主。

如今中医关于衰老的四大学说指出，衰老是机体对于外界生存环境在生理、心理两个方面的适应能力逐渐地降低，自身慢慢地走向死亡的一种现象。当前的中医衰老理论可以分为两种。第一种理论认为，衰老指的是在成熟期后出现的一项生理性的退化过程，第二种则是由于各种外界因素所致使的老年性变化。人在应对外围环境变化时是非常敏感的，当周围环境变化过大时人会产生强烈的应激反应，从而致使心理上发生紧张和身体不舒服的感觉，双重作用下使得身体健康的程度逐渐下降，还会出现一些不可逆转的状况。

衰老是谁也无法完全掌控的，任何人都会走向既定的结局，它是无可避免的。在既定的社会背景、科学研究条件下，我们应该在中医这条路上继续探索下去，不断地了解掌握不同的病情数据来推进学术的发展以及理论应用，通过对肾、脾、气血等方向的大力研究，从而得到一些人体抗衰老的方法，探索如何去尽量延缓人体衰老的进程，使人们能够拥有更好的

---

① 俞征宙，陈文发，俞宜年，林求诚，杨春波. 从增龄对本虚标实证的影响探讨中医衰老机理 [J]. 中国中西医结合杂志，1992，12（2）：80-82.

② 李东垣. 脾胃论 [M]. 文魁，丁国华，整理. 北京：人民卫生出版社，2005.

未来，以良好生理与心理状态来迎接自己的老年生活。

第三节 中医衰老理论的实际应用

通过对这些理论的分析，加深对衰老的认识，从不同的方面了解人的衰老，探究衰老的内在规律，探索更多抗衰老的方法。本节就上一节提到的理论，将详细展开中医衰老理论在抗衰老方面的应用以及对人们的生理、心理和家庭关系所产生的影响。

一、中医衰老理论在抗衰老方面的应用

（一）防患于未然

《黄帝内经·素问》中指出：圣人不治已病治未病，夫病已成而后药之，乱已成而后治之，不亦晚乎？这就是说抗衰老要从年轻的时候做起，做好防衰老，才能做到延年益寿、长命百岁。

（二）修身养性

《黄帝内经》中指出：饮食有节，起居有常，不妄作劳，故能形与神俱，而尽终其天年，度百岁乃去。这就是说抗衰老要从饮食起居做起，饮食适量，五味调和，陶冶情操，平心静气，睡眠科学，方能减缓衰老。

（三）锻炼身心

练习气功、太极拳等调节精气的健身保健运动，可以有效地调整呼吸，按摩内脏，获得阳气，令身体更具活力，减缓人体的衰老。

（四）药膳相融，针灸推拿

将中药与膳食相融合，饮食的同时加以中药调理，可补气血，调和脾胃，补充元气，平衡阴阳。加之针灸推拿，刺激经络通畅，增强身体机能新陈代谢的能力，滋养脏腑，减缓人体衰老。

二、中医衰老理论在体育运动方面的应用

人步入老年，精力和记忆力下降，消化系统功能减弱，身体器官衰老，许多慢性病缠身，此时在中医衰老理论的指导下进行适当的体育运动可以延缓衰老，并减少衰老带来的症状。

（一）通过柔和的体育运动改善老年人生理机能

太极拳等柔和的体育运动能够增加老年人的阳气，调和脾胃，舒筋活络，提高精气神，防治心脑血管疾病，对于患有心脑血管疾病等慢性病的老年患者起到更加有效的作用。

（二）参加体育运动能够提高老年人抗衰老的能力

体育运动推动老年人全身血液循环，促进新陈代谢，降低血脂，升发阳气，通畅经络，有效防治老年慢性疾病。

（三）参加耐力运动提高老年人身体素质

老年人可以参加长跑、滑雪等耐力运动项目，活动筋骨，增强五脏精气，精力充沛。通过对老年体育运动者跟踪调查显示：在450名40~90岁同样生活条件下的长跑爱好者和一般人之间，患癌症的人数分别是4人和29人，比例是1：7。经常运动的人70岁时的心脏机能情况相当于30岁时的1/2，即能年轻20~30岁，肌肉也可减少萎缩5~7千克。[1] 这说明，耐力项目体育运动可以减少老年人患病的概率，提高老年人的身体机能和反应能力，缓解衰老。

三、中医衰老理论在心理方面的应用

大多数老年疾病都与心理因素有关。情绪过度变化在某些情况下会引起人体内脏机能失调，而总是处于这种情况会加速衰老。只有长期保持愉悦的心情，才能调节气血，调节脾胃失和。体育运动有利于促进心理健康，提高精气神，使人精力充沛，从而老却不衰。

---

① 王安利．运动医学［M］．北京：人民体育出版社，2008.

老年人的健康受许多心理因素的影响：退休后的老年人，面对收入的缩减，身体状态每况愈下，会产生自卑心理。自身价值感的降低，使自己觉得终日无所事事，对未来充满悲观失望，极易产生抑郁心理。因此，通过柔和的体育运动，调节气息，按摩肺腑，调理气血，从而缓解老年人的烦闷心情，放松身心，提高身体素质，防治疾病。在运动中净化心灵，补充阳气，排解烦恼。

四、中医衰老理论在家庭关系方面的应用

衰老也与家庭因素有着密切的关联，中医衰老理论提供了一些启示。

（一）离婚、丧偶等对老年人晚年生活的影响

家人的陪伴，对老年人的暮年生活起着至关重要的作用。如若长期孤身生活，老年人患抑郁、脾胃失衡、萎靡不振等症状的概率会大大提高。因此，疗养院的护士以及社区康复中心的医务社工对离婚丧偶等情况的单身老年人要给予更多的耐心与关爱，从而使老年人得到心理安慰，不至于忧思伤脾，加速衰老。

（二）家庭关系是影响老年人身体衰老的一个重要因素

随着年龄的增加，子女逐渐不在身边，许多老年人与子女之间的关系逐渐疏远。有的家庭还会因为一些微不足道的小事争吵，从而影响老年人的心情，致使老人情绪低落、无心饮食，使得脾胃失和，肝气郁结，加速人的衰老。因此，为缓解老年人的衰老，就要培养和谐的家庭氛围，加强与子女的沟通。子女也应时常注意带老年人检查身体，从而使老年人维持向上的心态，保持愉快的心情，乐观开朗，提高精气神，增加活力，抵抗衰老，延年益寿。

（三）不良的生活习惯加速老年人的衰老

很多老年人有抽烟、过度饮酒等不良的生活习惯，殊不知饮酒伤及五脏六腑，抽烟使得肺虚，这些不良的生活方式容易导致老年人患上许多心脑血管疾病，这些疾病致使他们失去健康并加速衰老。研究证明，吸烟者比不吸烟者患慢性支气管炎的危险性高 2~8 倍，患肺气肿危险性高 4.2 倍，患恶性高血压危险性高 3 倍。老年人过度饮酒易患肾炎、胃溃疡、肝

炎及肝硬化等消化系统疾病。① 所以，家庭调养起关键的作用，重视调养老年人的脾胃，平衡膳食，可辅之以养生药膳，能够有效地减缓衰老，延长寿命。

第四节　中医衰老理论的影响与评价

当前老龄化问题越来越严重。人们对延缓衰老提高生命质量的渴求进一步提升，而中医衰老理论将会发挥更大的作用。

一、中医衰老理论的影响

历代对衰老理论的论述主要有先天遗传学说、后天失养学说、主虚学说等。通过不断的研究发现，人体衰老可主要分为两部分，一个是从父母那里传接下来的基因；另一个则是后天不同的周围环境造成不同习惯导致的。中医抗衰老理论为延缓衰老提出多种对策。

对于先天性基因，可以优化基因，但是依照现在的医疗手段暂时还不能普及。对于预防，国家与社会方面也进行了多项措施。首先，禁止有血缘关系的亲属结婚，虽不是特意为延缓衰老而设，但在延缓衰老方面却有预防效果。其次，婚前检查、产前检查等也是在此理论前提下进行的实践。胎儿期的产妇检查、追溯家族遗传病史，医学方面的进步让延缓衰老潜移默化地运用在实际生活当中。一个生命从形成胚胎开始，而中医抗衰老则从出生前就要重视预防。

除了从新生儿出生加以预防之外，中医衰老理论也对人们生活习性产生巨大影响。关于中医衰老后天养成有肾衰脾虚说、阴阳失调说、气虚血瘀说、脏虚肺滞说四大学说。这四种学说每种都离不开虚，虚了就要补，养生也由此进补。如果说肾是先天根本，那么脾胃就是后天之根本。想要延缓衰老，肾与脾胃格外重要，养生也格外注重强肾健脾。阴阳失调是疾

---

① 陈晓洁 . 延缓衰老的体育健康促进分析 ［J］. 全国商情（理论研究），2011（16）：98－99.

病形成的基本病因之一，中国自古注重阴阳调和、修身养性。有阴有阳，阴和阳是对立的，却又相互依存，一旦两者不能达到和谐就会引发疾病以及衰老。注重阴阳调和也是当今老年人养生的趋势。又有气虚血瘀一说，《难经》曰："气者，人之根本也。"[1] 人体内外各项机理运行都要靠气的激发以及推动，没有气人体就无法正常运行。尤其人到中年以后，由于长期受到饮食、劳逸、情志、气候等各方面的影响，导致五脏之气功能低下，人体逐渐衰弱。《读医随笔》曰："气虚不足以推血，则血必有瘀。"[2] 这是说气虚血瘀容易衰老。预防衰老，注重气血格外重要。《素问·五脏别论》告诉我们：五脏的主要功能是固藏精气，六腑的主要功能是通降水谷。五脏以虚为多，六腑则以实为多。后来由于受到各种因素的长期侵害，容易使脏气虚衰，进而影响腑的通降。腑道阻滞，那么废物排出不利，容易形成习惯性便秘，导致毒素积累、血流不顺畅，引起衰老速度的加快。[3]

中医衰老理论启示我们，除了常规的治疗外，更为重要的是认识到预防衰老的重要性。现在大多数人开始在平常习性、日常锻炼等方面进行一系列活动及改变来减缓衰老的速度，实现自我人生长度延伸，有理论指导、有科学依据、有行动计划地去修养身体，提高人类平均寿命。

二、中医衰老理论的评价

随着经济社会快速发展，老龄化问题日渐严重。

首先，人口老龄化将会导致社会老年用品需求增加，然后提高社会的整体消费趋势，从而促进老龄产业的发展，产业的发展离不开劳动力，进而社会对劳动力的需求也增大。老龄产业主要是为老年人口提供产品和服务，它包括了满足老年人的衣、食、住、行、乐、医等各方面需求的各种行业。

其次，人口老龄化意味着社会退休金及健康服务需求的增长。随着家

---

① 扁鹊. 难经［M］. 北京：中国医药科技出版社，2008.

② 周学海. 读医随笔［M］. 闫志安，周鸿艳，译注. 北京：中国中医药出版社，2007.

③ 穆俊霞. 素问［M］. 北京：中国医药科技出版社，2011.

庭功能的弱化，从家庭支持转向社会化养老，势必会影响到政府对社会保障制度的改革。这意味着将给政府带来巨大的财政压力，对整个国家的经济发展实际上有着较大的挑战。在老龄化问题发展大趋势下，中国的劳动力紧缺、社会压力增大、个人负担加重等问题也日渐凸显。

解决老龄化问题迫在眉睫，而中医衰老理论刚好为解决其问题提供了一个新思路。将理论运用于现实，加快人们对衰老相关知识的教育、提升社会整体对衰老的认知。一方面，延长人们的社会供能时间，延长退休年龄，缓解劳动力短缺问题。在有限的时间内为社会谋更多福祉、聚集更多积蓄，同时有更多时间去享受生活，减轻社会压力；另一方面，减少老年人疾病的发病率，减轻社会整体负担、加大社会幸福值，为更多老年人一辈子辛苦工作后提供一个无病无灾的退休生活。

目前中医衰老理论还面临着如何科学化的问题。这与中医本身是否科学，如何传承有着密切的关联。这需要国家政策的持续认可、重视和支持。此外，恰当处理好中西医关系，以适合中医规律的方式传承中医依然任重道远。

▌思考与练习

1. 简述中医衰老理论的形成发展史。
2. 中医衰老理论都有哪些代表人物？他们的观点分别是什么？
3. 简述中医衰老理论在现实生活中有哪些实际应用。
4. 简述中医衰老理论的影响和评价。

第四章

西方认知老化理论

第一节　西方认知老化理论的形成与发展

事实表明，认知才能与成年前的年龄呈正相关，并随成年后的年龄增长而下降，这种消退的现象在心理学上叫作认知老化。传统文化观念所认为的认知老化是一个绝对的、不可逆转的发展过程。现代观念认为，认知发展过程是复杂的、多维的和相互作用的，其中一些可能经过干预得到弥补。感觉功能、加工发展速度和工作记忆能力等方面始终是研究认知老化的重点，同时根据认知老化主要特征，即处理速度、记忆等因素的表现，研究者们进一步总结出了有关认知老化的多种理论观点。

20世纪80年代，人们对于认知老化研究加深，提出了认知衰老的相关理论。Craik等研究者所提出的理论将工作记忆视为一切即时心理操作能量的集合。他们借助存储处理双重任务方法来测量相关容量，由此得出老年人认知性能逐渐下降的原因。同期Salthouse则提出加工速度理论[①]。该理论认为，"速度"由感观速度和中央处理速度组成。也有观点以为，老年人逐渐高寿的过程中，他们的运动速度减慢，对外界刺激的反馈也不再像他们年轻时那么灵活，他们对外界的回应往往需要更长时间。从这些现象不难看出，老年人感觉系统性能在不断衰退，由此研究者得出了外周机制与认知老化有着密切关联的观点。与此不同，Hasher等人提出加工抑制理论，而其后的过程机制抑制理论的提出，则得益于牵张器抑制效率随衰老而降低这一发现。该理论的主要观点是，在复杂的认知任务中，年轻人往往比老年人拥有更大的优势。这主要是由于相较于具有活力的年轻人，老年人逐渐迟缓，使他们将更多无关信息堆积在他们的记忆中，而他们处理记忆的能力不断地下滑，进一步拉低了他们认知的能力。认知老化理论的重要进展是多种整合模型。多种整合模型是研究者将前面的研究整合分析所得来的。它的提出对推动认知老化理论的发展有着举足轻重的作用[②]。

---

① SALTHOUSE T A. The processing-speed theory of adult age differences in cognition [J]. Psychological Review, 1996, 103 (3)：403-428.

② 蒋达. 认知老化研究综述 [J]. 中国疗养医学, 2008 (6)：383-384.

20 世纪 90 年代，Salthouse 借路径分析结果建立了记忆老化的结构模型，并提出了年龄这一影响因素，而这一因素的提出对于后来的认知老化理论研究具有开山作用，此后更多研究者开始在年龄研究上下功夫，力求更好地探寻认知老化的世界。研究者们得出了工作记忆与年龄呈负相关这一研究结论。

众多研究者经过多次的认知老化试验研究表明：随着年龄的增长，认知能力的多方面衰退是与脑的复杂结构分不开的。这也使研究者们从脑功能结构上的变化这一途径为着力点解释认知老化行为成为可能。直到 21 世纪初，美国 Duke 大学的任职教授 Roberto Cabeza 提出了认知老化功能神经成像领域的第一个整合模型——HAROLD 模型，Roberto Cabeza 教授试图用该模型来解释脑功能在老化过程中变化发展的特点①。而这一模型的提出，轰动了世界科研界，吸引着无数科研者迈入有关认知老化的研究领域。而后，Roberto Cabeza 又通过试验得出，老年人可以通过激发他们自身对侧脑的区域从而达到弥补同侧认知能力衰退的目的。这一研究成果为补偿说提供了强有力的支撑，更好地辅证了认知老化的相关理论。

认知老化在当代已经被认为是人类存活成长发展的必然进程，而不是一种个别特殊的变异现象。虽然记忆力和决策力的转变，可能使我国年老人群及其家人感到忧心，但与此同时，部分记忆能力的丧失，也使老年人更容易忘记令他们感到愤怒与不愉快的记忆图景，从而使他们的幸福获得感比年轻人更高。值得人们注意的是，无论多大年纪的人，他们的学习能力都不会因部分能力的转变而完全丧失。换句话说，只要他们愿意，他们头脑中的学识也能够持续增加。与此相似，在科技文明进一步发展的现代社会，人们有关认知老化的研究也不会停下脚步，众多更易操作的仪器辅助也将帮助认知老化理论得到进一步发展。

---

① CABEZA R. Hemispheric asymertry reduction in older adults：The Harold model [J]. Psychology and Aging, 2002, 17 (1)：85-100.

第二节　西方认知老化理论的人物观点

一、加工资源理论

加工资源理论认为，加工资源数量是有限制的，随着年龄的增长，加工资源的逐渐减少，认知功能随之下降。目前，加工资源理论研究主要内容包括以下几个方面。

（一）加工速度理论

加工速度理论是美国认知老化心理学家 Salthouse 在 1985 年提出的，它是认知老化领域最成熟、最有影响力的理论之一。它在认知老化理论的研究中占据重要地位。根据这一理论，加工处理速度慢是老年人认知功能下降的主要原因。[①] 加工速度就是个体进行认知操作的速度，加工速度慢导致了个体认知操作的减缓。在许多针对加工速度的测量中，存在近一半甚至大部分年龄相关变量，为加工速度的结构假设提供了经验基础[②]。一般来说，处理速度是年龄和认知功能之间的一个变量。随着年龄的增长，身体的加工速度逐渐减慢，个体加工的数量和质量会在一定程度上下降，导致认知效果比年轻时更差。层次回归的分析结论表明，在加工速度的精确控制影响下，多重认知实验中的年龄差距显著得到缩小。结构方程模型的一些实证应用研究报告都表明，加工速度是年龄变量和认知年龄变量之间另一个相关的变量，在认知中起着不可估量的作用。显然，这些科学研究结果均表明，加工的速度变化很大程度是直接影响人认知器官老化快慢的重要媒介。所谓速度主要是指感觉速度和中央处理的速度。老年人的感觉功能退化非常明显，主要表现为动作速度慢、感觉能力慢、对刺激反应

---

① SALTHOUSE T A. The processing-speed theory of adult age differences in cognition [J]. Psychology Review, 1996, 103 (3): 403-428.

② 李宏翰，赵崇莲. 认知老化的加工速度理论述评 [J]. 西南师范大学学报（自然科学版），1998，23 (1): 104-109.

慢，这是加工速度越来越慢的结果。目前，学术界主要认为，这种减速与人体的外围机制密不可分。然而，研究人员还发现，与外围机制的老化相比，中枢处理的老化在认知中起着更重要的作用。这是因为老化的中央处理速度快，操作范围广。

（二）工作记忆理论

心理学家 Baddeley 将工作流记忆系统拆分为三个独立子系统，包括一个中央执行器系统和另外的两个存储子系统：语音环和视觉空间模板。根据工作记忆理论，工作记忆年龄结构上形成的这种心理主要是生理差异，也可能指任务成分与需要加工任务的时间成分间形成的一个生理差异，而大脑工作时间记忆能力水平的长期持续快速下降往往又使大脑的认知及记忆功能出现逐渐明显下降倾向。它使我们的大脑在处理任何复杂信息时保持活跃和兴奋，灵活而敏感，这样人们能够更好地投入工作和生活。显然，工作记忆仍是人们工作不可或缺的一种加工记忆资源。随着身体的衰老，工作记忆也在下降，这影响了身体原有的正常认知能力。可以肯定的是，认知老化不可避免地受到工作记忆的影响，而工作记忆的下降与年龄老化导致的中枢执行功能的下降密切相关。

（三）抑制功能理论

Hasher 和 Zackes 等进行的大量负启动研究表明，老年人的负启动效应比较小，年轻人特别高。[①] 此外，一些老年眼动研究进一步观察还发现，大多数的老年人不能够有意识自发地自主控制自身眼球的运动节律，而年轻人的能力明显强于老年人[②]。这些实验结果有力地证明了抑制功能理论。根据上述这种信息抑制的理论，有效数据的信息加工就必须同时促进组织协调完成与自身当前经营任务密切相关信息中有效信息资源的充分提取，并及时抑制这些与其当前运营任务无关的信息。工作时记忆量的快速下降也是由于老年人大脑皮层对这种冲动抑制应答能力已显著减弱。简言之，抑制控制是个体应对和抵抗干扰，促进身体正常运转的能力。研究人员发现，这是人类和灵长类动物共同拥有的一种基本认知能力。同时，它也是

① 许百华，陈行峰．负启动研究与有关理论［J］．心理学动态，2000（2）：7-13.

② 闫国利，白学军．眼动研究心理学导论［M］．北京：科学出版社，2012.

衡量个体认知发展程度的重要参考之一。从物种的比较研究来看，随着物种的进化，其抑制和控制能力呈发展趋势。在同一物种中，尤其是在人类个体的发育过程中，抑制和控制能力呈现出从逐渐成熟到逐渐下降的年龄相关总趋势，如儿童有很强的抑制和控制能力。通过对各年龄段阅读障碍者的实验分析，抑制效率的下降导致工作记忆能力的下降，这与年龄密切相关。

二、执行功能障碍假说

随着临床神经心理学实验研究领域的技术快速发展，执行功能减退的假说受到越来越多人的关注认可和积极赞扬。可以肯定的是，大脑区域的额叶是影响执行功能的一个非常重要的部分。额叶（尤其是前额叶）是导致人类衰老的重要区域，也是身体执行功能的必要前提。同时，神经解剖学、神经化学分析等临床相关病理实验观察的新结果研究也充分表明，在老年人大脑结构方面的显著变化表现中，前额叶系统的显著变化也最为明显：大脑皮质明显萎缩，神经元内的树突分支减少，神经元周围的正常蛋白质的结构功能被大量地破坏，某些主要神经组织递质受体的血浆浓度逐渐降低和受体蛋白的合成数量急剧减少等（如多巴胺系统的退化）导致兴奋在神经元之间的传递减弱，[①] 这大大降低了神经元的敏感性和兴奋传导，因此许多老年人不能很好地完成计划，并出现遗忘等症状。一般来说，执行功能系统负责协调处理和有效控制多种认知系统操作，并能够对多个认知功能活动之间产生较为广泛复杂而且持久重要的动态影响，这是认知老化的重要原因之一。

第三节　西方认知老化理论的实际应用

结合认知老化理论从以下两个方面谈谈其应用。

---

① RAZ N. Aging of the brain and its impact on cognitive performance: integration of structural and functional findings [C] //CRAIK F I M, SALTHOUSE T A. The handbook of aging and cognition (2nd ed.). Mahwah, NJ: Lawrence Erlbaum Associates, 2000: 1-90.

一、运动速度减慢与工作记忆下降

速度减慢蕴含感觉运动和中枢加工两个方面。首先从运动方面来讲，运动速度减慢在老年人身上体现尤为显著。老年人大多行动迟缓，步伐减慢，频率降低，很少有老年人会像年轻人一样健步如飞。这是由什么原因引起的呢？首先，人的年纪大了，身体机能减退，各功能出现退化，好比一辆车，刚生产出来全部都是崭新的，在阳光照耀下闪闪发光。但是时间一久，会掉漆，会因为碰撞变形，油耗变大，零件磨损，发动机不听使唤，甚至多次打火又熄火，行驶在路上也会发出"轰轰"的声音。这就是车的老化，与人的速度减慢有异曲同工之妙。其次，从心理的角度来看，老年人由于机能退化，记忆力减退，信息量与记忆力不成正比就容易造成超负荷。如果信息更复杂，则会加大记忆难度。这里的记忆下降主要是工作记忆，随着年龄的增长，工作记忆中可用于储存和处理信息的心理资源显著减少。Wingfield 等人做过这样的研究：让青年组和老年组分别从事 3 种不同记忆的工作，第一种是传统数字记忆；第二种是单词记忆，难度稍大；第三种先试听句子，后回忆每一个句子的最后一个单词，难度最大。研究结果显示，第一种没有表现出年龄差异，第二种虽有但很小，第三种老年组的成绩仅是青年组的百分之六十，这说明老年人在工作记忆上出现了下降。

在实践中，这帮助我们理解为何老年人的一些服务比较难。比如，我们跟老人讲新型冠状病毒传染力极强，感染后人们会出现头痛、发热、咳嗽、乏力、失去味觉等症状，也有无症状感染者，因此一定要做好防护，配合检测。但是在他的接受范围内，他记不住病毒叫什么名字，也记不住注意事项，甚至连健康码如何打开，他也不一定能一次成功。另外，由于老年人行动不便，思考能力和记忆力下降，在做选择时常常墨守成规，不善于创新。比如当下年轻人都在用智能手机，触屏方便，交流也都用微信，省了话费和短信。但是在老年人眼中，微信怎么用？不知道，功能太多了，他们更习惯老年机，很多时候并不是他们不想学，而是记忆力减退，需要年轻人一遍又一遍耐心地教。做子女的又有多少时间帮助老年人学会使用智能机呢？即便有时间，又有多少耐心呢？每个人都有义务给老年人多一点关爱，就像当初我们咿呀学语、蹒跚学步时，父母给我们的关爱一样。

二、抑制力减弱与依赖性增强

抑制力减弱即为抑制无关刺激影响的能力减弱，随着自身年龄的增长，老年人更可能受无关数据信息的干扰。Hasher 和 Zackes 做了一项研究：他们将干扰文本插入目标文本以供老年人阅读。研究发现，老年人在阅读时会因为文本的干扰而出现阅读困难，即理解能力下降，反应时间延长。除此之外他们还发现，干扰文本对他们而言印象更深刻，存留脑海时间更长。例如，老人外出买菜，他总会被路上贴的小广告吸引而忘记买菜，也许是老人想多看两眼，但在老化认知理论看来，这是抑制力减弱的表现。

"现场依赖"是指个体与环境的互动受到其周围各种关系的影响，高度依赖这一领域的个人倾向于以小组的形式合作。研究表明，老年人的现场依赖性明显上升。空巢老人近年来备受关注，老年人由于行动不便、身体功能退化等原因，格外需要年轻人照顾、陪伴，不只是身体上，还有心理上。但是由于不少子女为谋生计外出务工，把老人独自留在家里，造成外出务工和老人需要陪伴的冲突，这样带来的危害不言而喻。首先，老年人长时间独居容易造成自我封闭，沉默寡言，不愿意接触外界环境，从而导致社交范围逐渐缩小。其次，老年人易养成焦虑抑郁的心态：以前很感兴趣的事现在不上心了，经常闷闷不乐，情绪低落。再次，老年人会产生自我恐惧感：由于身体功能退化，过度担心疾病甚至死亡，担心给子女造成负担，反复思考，不能自控。最后，也是最重要的，老年人依赖性增强。随着年龄的增长，老年人需子女更多的关怀。因此，我们要给年迈的父母多一份关爱，哪怕只是一通电话。当然，常回家看看，永远是子女给父母最好的礼物。

第四节　西方认知老化理论的影响与评价 ·····························■

认知老化会降低老年人的生活独立性，从而限制其工作活动能力，同时也可能导致老年痴呆症的发生，因此该理论的研究对于预防、延缓和改善老年痴呆症病程的发展具有重要意义。一方面，认知老化理论所包含的各种理论形式如感觉功能理论、加工速度理论等对人认知老化的各个影响因素进行了解剖分析，例如遗传、年龄、性别、个性、情绪等认知或非认知因素，个体或社会因素，属于长期过程，是极其复杂的现象。另一方面，它的发展揭示了认知老化与态度老化具有显著相关性，表明了积极的态度可以引导老年人参与更多社会活动，从而倡导老年人积极参加活动，保持积极的心态能够协助他们培养和保持良好的社会人际关系、生活习惯，从而延缓他们认知老化的速度，对其认知功能的各个方面也能够产生积极的影响。例如，老年人进行适度运动和学习等能增强心脏功能，使大脑供氧更加通畅，从而延缓大脑老化速度，同时还能提升抗病能力。这一系列理论及其实际应用对老年人的健康生活有极大帮助，反映了当代人对于老年人生活的日益关注，有利于对该方面理论的深入发展和探究。该理论的不断丰富填补了人类对于老化认知的认识空白和缺陷，而它的不断革新不仅推动了人类认知研究的进步，也奠定了老年认知理论发展的基础。

认知老化理论中的加工速度理论最初是由美国佐治亚理工学院的 T. A. Salthouse 于 1996 年提出的，它解释了人类成年阶段认知功能的变化，对影响该速度的多种因素进行了介绍，加深了人们对于影响认知功能发展过程的各种因素的了解程度；认知老化理论中的工作记忆理论则由巴德利提出。该项理论对工作记忆设想了工作记忆的嵌套加工模型、同心圆模型、晚期工作记忆模型三种成分模型。它揭示了工作记忆与学习能力、思维的关系，帮助我们更加清晰直观地观察在不同模型下，工作记忆的加工变化过程，并分析其中的差异，将其应用在学习工作之中，提高工作或学习效率。认识老化理论中的抑制能力降低理论，它对于工作记忆年龄差异的研究，启示了人们通过对无关刺激抑制能力的控制和增强改变老年人的工作记忆年龄，为将来面对老龄化社会时老年人的再就业提供更多可能性，提升他们的竞争能力。认知的老化导致了老年人的生理和心理上的双重问题，增加了子女们的生活负担，减弱了老年人生活上的幸福感。

全球老龄化程度不断加深，不少国家提出了延长退休年龄的解决方案，但相对而言该方案也存在一些不足，例如随着年龄的增加，老年人的身体机能和认知能力都会逐步退化，长时间的繁重工作对老年人的身体状况无疑会有很大影响，退化的身体机能和认知能力又会导致老年人工作能力和效率的下降，这对于老年人本身和工作单位都是不利的，因此大部分工作单位仍然会倾向于聘请年龄更小、身体状况更好的员工，使老年人在选择工作时处于劣势。但延长退休的政策使得人们领取退休金的年龄也随之延后，老年人为了生计问题被迫再次参与职位竞争。老化认知理论的出现和不断发展给延长退休带来了更多便利性和可能性，如果我们能将这些知识用于对老年人的照料保健工作和其他年龄段人群预防阿尔茨海默病等病症中，一定会对其大有帮助，从而提升未来老年人在工作中的潜力，更好地解决人口老龄化带来的种种问题，减轻国家社会保障体系的负担。

即便如此，当前对于认知老化的研究仍然会存在一些缺陷和不足，首先，因为探究老年人认知老化的表现只能通过记忆、智力老化和思维、感知觉的老化进行研究。但这些表现又存在变异性，且受教育等诸多因素的影响，十分复杂，因此容易产生难以发现的误差。并且受限于技术条件无法过分深入探究，人类的认知活动是复杂而多维的。而且在认知发展的过程中也会伴随各种其他活动的同步发生，这也导致对认知老化的干预方法基本只能从生理上进行缓解而无法彻底解决。其次，由于不可抗因素，许多研究者都会在大中型城市中进行老年人研究，一方面，在这些地区生活的老年人对科学研究的价值更加了解，更乐意参与协助研究；另一方面，尤其是在某些发达国家老年人更方便被找到。而这也造成了一些误差：第一，这些老年人的受教育程度明显会比落后地区老年人的平均受教育水平更高，造成认知发展变异；第二，他们的生活条件也会相对更好。这些因素对于认知老化有极大影响，因此可能需要更大范围的样本数据来证实它的准确度。而这一调查研究的误差则会使某些真正需要帮助的处于社会底层的老年人受到忽视。当然，随着时代的发展，技术和知识的不断进步，这些条件限制会渐渐地被解决，而这一理论也会越发完善。当今时代随着生活水平的提高，人们认知老化的速度渐渐得到缓和，同时对于老年人生活和生理心理健康的关注度也在不断提升，人们在关注社会困难群体幸福度提升的方面也在不断加大力度。研究的脚步不会停止，认知老化理论的体系会趋于完善。

思考与练习

1. 简述西方认知老化理论的历史脉络。
2. 西方认知老化理论的主要内容有哪些？
3. 简述认知老化的主要特征。
4. 试对西方认知老化理论作出评价。

第五章

生命阶段理论

第一节　生命阶段理论的形成与发展

　　生命阶段理论的发展源远流长，在历史发展的长河中，不同的派别从不同的角度出发，提出了各种各样的阶段理论，生命阶段理论的发展呈现出了领域由窄变宽、分析层次逐渐丰富的发展过程。

　　首先在精神分析领域的古典弗洛伊德主义中，弗洛伊德率先提出了心理发展阶段论，他将人的心理发展划分成了 5 个时期。首先是口唇期（0~1.5 岁）。婴儿通过口腔活动满足其本能需要，如果婴儿口腔活动受到过分限制，必将影响以后的发展，可能出现"口腔性格"，表现为悲观、依赖、退缩，并具有吸烟、贪吃、酗酒等行为。其次为肛门期（1.5~3 岁）。通过肛门排泄活动获得快感，满足需要。如果受到限制，日后可能产生"滞留现象"，出现肛门性格，表现为冷酷、固执、刚愎、吝啬等。再次是性器期（3~6 岁）。通过对自己或他人性器官的好奇、捉弄获得快感，满足需要。开始模仿父母中同性别者，表现出认同作用，对父母中异性者表现爱恋，称为"恋母（父）情结"。又次是潜伏期（6~12 岁）。兴趣转向外部世界，"超我"的良心及"自我"的现实原则迅速发展。最后是生殖期（青年期）。兴趣转向异性，通过各种活动，人格向着准备结婚和建立家庭方面发展。

　　弗洛伊德的划分单纯从人的性能量方面进行考虑，[①] 后来，随着精神分析学的发展，逐渐发展到了新弗洛伊德主义时期。在这个时期，著名的精神病学家埃里克森继承并超越了弗洛伊德的理论，提出了人格发展阶段论。此理论把人的心理与人所处的环境相结合来进行综合考虑，将人的一生划分成 8 个阶段，在每个阶段中都面对着特定的冲突与任务。埃里克森认为，人的成长就是不断地面对并解决特定时期的冲突来获得发展[②]。

　　近代有名的儿童心理学家皮亚杰基于对儿童心理的研究将人的认知发

---

　　①　何雪松 . 社会工作理论 ［M］. 上海：上海人民出版社，2007.

　　②　爱利克·埃里克森 . 生命周期完成式 ［M］. 广梅芳，译 . 北京：世界图书出版公司，2021.

展划分成了 4 个阶段：感知运动阶段（0~2 岁）、前运算阶段（2~7 岁）、具体运算阶段（7~12 岁）以及形式运算阶段（12~15 岁）。以上 4 个阶段并不只是时间的推移过程，而是存在着质的差别，循序渐进，不能互换，每一阶段的发展都是基于前一阶段发展的基础上来进行，前者的发展为后者做准备，进而被后者替代，各个阶段都有一定的交叉重叠的部分。①

后来随着有关于人类行为的理论不断地丰富，各种不同类型的生命阶段理论层出不穷，比如派克理论、哈维格斯特的六阶段理论等，都为生命阶段理论的发展作出了巨大贡献，影响深远。

第二节 生命阶段理论的人物观点

国内外学者从若干不同角度对人的发展进行阶段划分，认为人的一生就是按照某种固定的阶段去发展，每个阶段对于个人来说都有不一样的性质特点和要面对的任务，并且能否进入或者能否在靠近人生发展后期的阶段有着良好的表现，通常都会受到人类在前一阶段发展情况的影响。

影响最大的莫过于美国精神病学家、著名的发展心理学家和精神分析学家爱利克·埃里克森（Erik H. Erikson）提出的人格发展阶段论。他将人的一生划分成为婴儿期（0~1 岁）、幼儿期（1~3 岁）、儿童早期（3~6 岁）、儿童中期（6~12 岁）、青少年期（12~20 岁）、成年早期（20~40 岁）、成年中期（40~65 岁）、成年晚期（老年）一共 8 个阶段，在每个阶段中都面对着特定的冲突与任务，并且通过特定任务的完成和冲突的解决，在各个时期都会形成一种美德，进而指引着下一步的发展。如果在某一阶段中所面对的冲突没有得到完美解决，个体的发展就会出现问题，甚至会停滞。埃里克森指出，在老年阶段，也就是其划分的成年晚期阶段中，老年人面对的主要冲突是自我整合还是绝望，同时还有回顾一生，坦然面对死亡，而非失望、沮丧、对死亡充满恐惧的任务，② 众所周知，老

---

① B. J. 瓦兹沃思. 皮亚杰的认知和情感发展理论 [M]. 徐梦秋，沈明明，译. 厦门：厦门大学出版社，1989.

② 爱利克·埃里克森. 生命周期完成式 [M]. 广梅芳，译. 北京：世界图书出版公司，2021.

年期是人生最后的阶段，是人们进行反省的时期，同时在这个阶段，老年人还要学会面对生命的终结，人的一生充满着各种幸福与悔恨，对于一生充实幸福大于悔恨的老年人来说，其回顾一生，将会满足而乐观地看待自己余下的人生，对于死亡的恐惧将会被坦然和知足掩盖；对于回顾一生觉得倍加遗憾与不值一提的老年人来说，将要面对的死亡带给他们的则是无限的失望与沮丧，且回到最初的起点再重新活一次已是天方夜谭，恐惧便成了他们生活的主题。其实无论人生到底如何，这并不是最重要的事情，重要的是能否去解决这一冲突。通过解决这一冲突，带来的是无限的智慧。人生发展是一个接续的阶段，只有解决了前面阶段的冲突，才会最终到达自我整合的阶段。

心理学家派克同样也认为人在老年阶段面临着许多任务，但与埃里克森不同的是，其提出的观点更为具象，可以认为是对埃里克森观点的超越。派克认为，在人类发展后期，面临着三个主要任务。首先，老年人要从以往的工作中脱离出来，用无关职业的方式去定义自我。人的一生都在忙忙碌碌，除了家庭和学校，对于人来说第三个重要的场所就是工作场所。工作给人带来丰厚的报酬和复杂的人际关系问题的同时，也让人们通过工作逐渐认知了自我。但到老年期，退休失去原有的职业是不可避免的，这时候老年人的自我价值感就会受到挑战，对于社会贡献的减少使他们无论是通过他人还是自己的正向评价都急剧减少，陷入沮丧与失落。其次，身处人生发展后期，老年人要适应并有效应对生理与体能的衰退。人生之事最大莫过于身体健康，良好的身体状况是人们做任何事的底气。但遗憾的是，岁月流转不息，没有人会长生不老，老年期会有各种突发疾病的危险，人都怕死亡，衰老的身体通常会使老年人感到绝望。这时候，老年人就应该学会看淡疾病，积极地去应对，乐观地珍惜余下的人生。最后，死亡是一个既哲学又现实的问题，老年人要学会对将要到来的死亡作出心理建设，人的一生中遇到不如意时可能会想到死亡，但真正到了濒死的地步，方知活着多么值得珍惜。无奈时光不倒流，最应做的不是恐惧惶惶不可终日，而是珍惜每一分钟，继续向世界散发自己的光和热。①

---

① 罗伯特·S. 费尔德曼. 发展心理学［M］. 苏彦捷，译. 北京：世界图书出版公司，2013.

哈维格斯特也是生命阶段理论的一个重要代表人物，他作为美国著名的心理学家，提出了哈维格斯特六阶段划分法。首先，他将人漫长的一生划分为六个阶段，分别是婴儿期与儿童早期、儿童晚期、青少年期、成年期、中年期和老年期阶段。他与埃里克森有着相同之处，也认为人的发展是一个连续的过程，对一个阶段任务的完成与否，影响着以后生命任务的完成，如果前一个阶段任务圆满完成，就会得到一些有利于人发展的收获，并且会给后面阶段的发展提供一些支持，反之，则不利于后续的发展。哈维格斯特同样认为，在他划分的六个阶段中，每个阶段都有特定的任务，对于老年阶段，哈维格斯特也是相当重视的，他认为在人生步入老年阶段时，主要面临着以下发展任务：首先是要逐渐适应生理机能和健康状况的衰退；其次对于退休职业的丧失以及相应带来的收入减少状况进行适应；再次要适应配偶的离世，要与外界接触增多，与其他老年人保持密切联系，还要履行作为公民对于社会和其他个体的义务；最后就是要努力追求并且试图建立一个幸福美满的人生。由此可见，哈维格斯特提出的人生发展阶段的划分理论也是非常具象的，他系统并且具体地提出了每个阶段的任务，以指导着人们的成长与发展。

选择、优化和补偿理论（The Theory of Selection，Optimization and Compensation，SOC）也是关于生命阶段理论的一个重要代表理论，选择是指在数量和程度方面缩减自己的目标，即要对自己的目标做断舍离，选择"要事优先"（first things first）。优化，就是在优先选择的领域进行自我实践和训练，就是前面所说的，要做就要做好。补偿就是用替代性方案代替丧失。成长的过程总是伴随着丧失，特别是当人体机能下降，觉得自己无法在某项技能上再提高了，可以选择一个补偿方案。该理论注重采取措施抵消随着老年人身体功能的减退而带来的负面影响，让老年人缩小活动范围，把能力和精力重点放在少数能够掌控的事情上，在这些事情上尽可能发挥最佳功能，并辅之以补偿措施。① 该理论认为，人活一生，无论身处哪一阶段，生活中的所有经历必然是会让人感到有失亦有得，同样身处老年阶段，这种得到与失去的比例相较于人生中的其他阶段来说却是不甚平衡的，失去多，得到少。这也是为什么人处于老年阶段，总是会感到沮丧

---

① 高云鹏，胡军生，肖健. 老年心理学［M］. 北京：北京大学出版社，2013.

和失落。但这并不意味着老年阶段人就应该碌碌无为，静等时光将自己脱去一层又一层外壳；相反，选择、优化、补偿理论认为在老年阶段，为了获得一段幸福满足的老年时光，老年人应该尝试着为自己去采取某些行动，比如老年人应该尽量去参加一些可以让自己感觉到更多幸福感的活动，从这些活动中去维持自己的一些有利能力。老年人还应该尝试去找到可以使自己选定的能力得到最优解的策略。最后，老年人应该采用优势视角，去尝试用自己身上的一些闪光点，去弥补自己的一些不足。

生命阶段理论对于人的生命阶段的理解与划分或许是出于不同的角度，从不同的象限出发，提出了一些不同的要求。这些理论都对于人的发展具有指导意义，它们并不只是在理论层面丰富了心理学或者其他学科的知识框架，而具有很大的现实意义，能够作为指南为人的发展尤其是在老年阶段提供一些蓝图。

第三节 生命阶段理论的实际应用

一、临终关怀

生命阶段理论最后一个阶段要面临死亡的议题。这对临终关怀服务有一定的启示。

临终关怀运动发源于英国的圣克里斯多费医院。20世纪50年代，英国护士桑德斯在她长期从事的晚期肿瘤医院中目睹垂危病人的痛苦，决心改变这一状况。1967年她创办了世界著名的临终关怀机构，使垂危病人在人生旅途的最后一段过程得到需求的满足和舒适的照顾，点燃了临终关怀运动的灯塔。之后，世界上许多国家和地区开展了临终关怀服务实践和理论研究，70年代后期，临终关怀传入美国，80年代后期被引入中国。

临终关怀目标是提高患者的生命质量，通过消除或减轻病痛与其他生理症状，排解心理问题和精神恐慌，令病人内心宁静地面对死亡。同时，临终关怀还能够帮助病患家人承担一些劳累与压力。临终关怀不同于安乐死，它既不促进也不延迟病人死亡。其主要任务包括对症治疗、家庭护理、缓解症状、控制疼痛、减轻或消除病人的心理负担和消极情绪。所以临终关怀常由医师、护士、社会工作者、家属、志愿者以及营养学和心理学工作者等多方面人员共同参与。

在临终阶段，病人除了生理上的痛苦之外，更重要的是对死亡的恐惧。人在临死前精神上的痛苦大于肉体上的痛苦。病人进入濒死阶段时，进入心理否认期，这时病人往往不承认自己病情的严重，否认自己已病入膏肓，总希望有治疗奇迹的出现以挽救死亡。当病人得知病情的确无挽救希望，预感已面临死亡时，就进入了死亡恐惧期，表现为恐惧、烦躁、暴怒。当病人确信死亡已不可避免，而且瞬间即来，此时病人反而沉静地等待死亡的来临，也就进入了接受期。这时，病人最大的需求是安宁、避免骚扰，亲属随和地陪伴，给予精神安慰和寄托，对美好（如花、音乐等）的需要，或者有某些特殊的需要，如写遗嘱，见见最想见的人，等等。病人亲属都要尽量给予病人这些精神上的安慰和照料，使他们无痛苦地度过人生的最后时刻。

临终阶段作为人生的最后一个阶段，人人都会对死亡抱有恐惧，尤其是对一些年龄尚且年轻的人来说，但死亡是不可控的，如同世间花开花落，死亡也是万物生存发展的规律。也许正是因为生命迟早要终结并且往往不受控，才使得活着多么令人珍惜。作为社会工作者，在为临终的服务对象服务时，要运用生命阶段理论，要尽力减轻服务对象对死亡的恐惧，淡然、安宁地离开人世。

二、退休不适应

随着人均寿命的增长，银发浪潮来袭。步入老年后人的身体各项机能退化，体力、精力都衰退，可能无法胜任工作。国家出于这方面考虑，规定了退休制度，让达到法定退休年龄的公民，从工作岗位上退下来，国家每月发放退休金，并逐步完善保障退休人员的各项制度，让退休的公民能够老有所养、老有所依。退休以后，身份角色的突然改变、生活环境的改变等一系列的变化使得工作了几十年，直接从工作岗位上退休回家的老年人易患上"退休综合征"，这需要一个适应的过程。

心理学家派克在他的生命阶段理论中也提出，在老年阶段面对着许多任务。首要的任务就是老年人要从以往的工作中脱离出来，用无关职业的方式去定义自我。虽然在人的一生中，职业生活占据了大部分时间，也带来了人在社会中的价值感，以及一定的人际关系，突然退休会造成人的不适应。社会应当为退休遭遇不适应的人群服务，综合考虑服务对象心理以及处境，运用生命阶段理论的观点，帮助老年人发现更多职业角色以外的价值感，适应退休后的生活。

三、老年人慢性病

我国正处于由快速老龄化向深度老龄化迈进的阶段，随着我国老龄化的加深、疾病模式以及饮食结构的改变，慢性病已呈现出高发趋势，老年人患慢性病比例居高不下。大量研究表明，患有两种或多种慢性病已成为老年慢性病患者的常见特点。相比居住在城市的老年人，常住地在农村的老年人多种慢性病的患病风险更高，这可能与农村老年人接受到的健康教育贫乏、自我健康管理的意识薄弱，就医可及性不如城市老年人有关；另外，农村老年人在青壮年时期多从事中重度体力劳动，积劳成疾的风险更高。

在老年阶段，就算没有显著疾病，老年人也会因为自己的逐渐衰老而感到不适应，心情低落，如果再加上突然发现自己已经没有那么健康，遭遇慢性疾病的侵袭，无疑对于老年人来说又是一重打击。我国医疗卫生保障存在不均衡性，很多低收入家庭的老年人，会因为看不起病拿不起药而更加感到失落，对于年轻人来说，偶尔检查出小毛病都会感到担忧恐惧，何况是距离死神更近的老年人？

生命无常，随着年龄增长，生理机能的衰老谁也抵抗不了。派克和哈维格斯特都提到，老年人面临的一个重要的任务就是接受自己因为年龄的增长带来的生理身体机能的衰退。在为慢性病人开展工作时，比如一些慢性病人小组工作等，要综合运用生命阶段理论，让老年人认清这是万物发展的规律，要积极看待，配合治疗。此外，还可帮助一些低收入家庭的慢性病患者链接资源，减轻他们由于疾病带来的负担，以更加乐观地生活。

四、老年犯罪

近年来，老年人犯罪率一直呈上升趋势。退休导致一些老年人失去经济来源或者丧失生活目标，从而走上犯罪道路。老年人的犯罪原因不同，处罚也应有异。刑法的谦抑性和人道主义精神要求对老年人犯罪应从宽处罚，我国矜老恤幼传统特别是唐律中宽宥文化等亦将老年人群体予以特别对待。我国刑法中还有对老年人的从宽处罚，认为老年人跟未成年人一样，其判断是非的能力比较低。

哈维格斯特在他的生命阶段理论中提到，即使到了老年阶段，也要履行作为公民对于社会和其他个体的义务，包括遵守宪法和法律等一系列的义务。在社会中，之所以有一些老年人走上违法犯罪的道路，除了一些突发事件、积久的怨恨等不可控因素以外，还包括一些老年人不正确的认知因素，比如一些老年人感觉法律也不会将他们从严处罚，因此犯罪越加严重。为此，要抓住老年人这一不正确的心理，运用生命阶段理论，告知他们遵守义务的重要性，提高他们的社会责任感。

五、黄昏恋

黄昏恋，一般是指那些丧偶的老年人再次结婚或者是寻找属于自己的老年人爱情的行为。黄昏恋一般有两种情况：一种是在青春时代未解决好个人问题，到老年遇到合适的才谈恋爱；另一种是中老年丧偶或离婚后再成家进行的恋爱。有专家认为，银发"走婚族"是很无奈的特殊人群，"走婚"是一种搭伴过日子的性情生活，虽满足了老年人对自由、幸福、爱情的需求，但在法律上是缺乏保障的。复旦大学法学院教授王全弟认为，许多子女对父母晚年的感情、婚姻生活干预太多，一是过于"重利"的观念使然，二是忽视了老年人和年轻人一样，也有追求自己幸福的权利。只要符合民法典中的没有配偶、没有不适宜结婚的疾病等条件，老年人再婚就是合法行为，子女以种种理由加以干涉，就是广义上的违法行为。老年人要多了解自己的权利和法律的相关规定，子女则要转变观念，多为老人着想，多考虑他们的幸福和权利，政府有关部门也应该多为老年人提供这方面的咨询等。

哈维格斯特在他的生命阶段理论中提出老年人一方面要适应配偶的离去，另一方面也要与外界接触，与其他老年人保持密切联系，同时还要努力追求并且试图建立一个幸福美满的人生。人人都有追求幸福的权利，即使是年过半百也不例外，老年人在步入老年阶段之前已经为社会、为家庭、为子女作出了太多的贡献。子女不应该对老年人干涉太多。由于老年人晚年的感情，造成老人与子女之间矛盾重重，作为社会工作者，可以利用生命阶段理论，解决老人与子女的困扰。

六、老年抑郁症

抑郁症是一种常见的情感性障碍，可由各种原因引起，以心境低落为主，与处境不相称，从闷闷不乐到悲恸欲绝，甚至发生木僵。严重者可出现幻觉、妄想等精神病症状。老年期抑郁症严格地说是指首次发病于60岁以后，以持久的抑郁心境为主要临床表现的一种精神障碍。心境障碍不能归于躯体疾病或脑器质性疾病。抑郁是一种负性、不愉快的情绪体验，以情感低落、哭泣、悲伤、失望、活动能力减退，以及思维认知功能的迟缓为主要特征。一般病程较长，具有缓解和复发倾向，部分病人预后不良，可发展为难治性抑郁症。

关于老年人抑郁的原因，一方面可能和躯体疾病或身体素质相关，由于老年人大多都有一些基础病，例如高血压、糖尿病、中风等，老年人常常感觉身体不适，影响到自身的活动和娱乐，进而引发抑郁。另一方面可能是老年人对生活适应不良的结果，随着老年人身体机能的下降，一些老人退休后会感到无所事事，自我价值感低，时间长了就会形成抑郁的症状。

选择、优化和补偿理论中提到，老年人应该采用优势视角，尝试用自己身上的一些闪光点，去弥补自己的一些不足。在为患有抑郁症的老人进行辅导时，要结合选择、优化和补偿理论与社会工作理论中的优势视角理论，帮助老年人跳出自我贬抑的循环圈，从各个方面去发现自己身上的价值与优点，回顾自己一生的奉献，提高自我价值，过一段幸福的晚年生活。

第四节　生命阶段理论的影响与评价

生命阶段理论作为老年学的一类重要的理论，对于老年服务的开展大有裨益。生命阶段理论在每个人生阶段都提出了一定的任务与期许，可以指导处于不同年龄段人们的行为与认知，对于老年人亦是如此；通过生命阶段理论的阐述，可以帮助社会中其他群体了解老年阶段的一些特点以及面对的任务，使社会多一些对于老年人的理解与关爱。

生命阶段理论最大的启发是不再局限于老年阶段本身来研究老年人，而是在历史的维度，从人的一生研究老化问题。老化并不单纯是老年阶段产生的，而是从出生开始，在年轻时段就发生，并对老年阶段产生深远影响。这拓宽了老年人研究的视野，发现了老年学研究的生长点。

但是，生命阶段理论也有一些不足之处，如其对于老年人老年期阶段还缺乏更为细致的生命阶段的划分。尤其是进入长寿时代后，人类的老年期更为漫长，内部差异也巨大，而非一个单独的"老年期"就可以概括。再者，老年人的生命阶段是在个体与社会结构之间交互塑造的，除了时间维度的引入外，还需要加入宏观社会维度。最后，从实践的角度看，如何进一步操作，促进生命阶段理论的落地，为实践提供指南还有很多工作要做。

▌思考与练习

1. 简述生命阶段理论发展的历史脉络。
2. 生命阶段理论有哪些代表人物？分别持有何种观点？
3. 结合我国实际情况，论述生命阶段理论的实际应用。
4. 简要对生命阶段理论作出评价。

第六章

活动理论

第一节 活动理论的形成与发展

一、理论概述

活动理论是以"活动"为逻辑起点和中心范畴来研究和解释人的心理的发生发展问题的心理学理论,"活动"是主体为了一个特定的目标而进行的努力。[①] 活动理论是研究作为发展过程的不同形式人类实践的哲学框架,同时包括相互联系的个体层面与社会层面,并指出人类与环境客体之间的关系由文化内涵、工具和符号中介联系着[②]。

二、发展历程

活动理论的哲学概念起源于 19 世纪康德和黑格尔的古典哲学,黑格尔提出,人类的意识与主体征服客体的活动密切相关;同时马克思主义的辩证唯物主义哲学进一步促进了活动理论的形成,马克思从实践的角度出发,对物质与意识的关系进行研究,以实践的角度去理解活动。他们两者都是基于活动的视角来研究人类发展历程,都认为人类历程的发展与活动密切相关,也就是活动推动了人类历程的发展,在此过程中占据着不可或缺的地位。

活动理论经过三代心理学家和教育学家的完善逐步发展最终成熟,并联结老年人与活动理论,形成了老年活动理论。每一代理论相较于上一代理论,都有新的发展和深化,其可操作性也在不断地增强。

(一)第一代活动理论

活动理论的概念是由维果斯基正式提出的。巴甫洛夫经典条件反射学

① 杨莉娟. 活动理论与建构主义学习观 [J]. 教育科学研究, 2000 (4):59-65.

② 刘清堂,叶阳梅,朱珂. 活动理论视角下 MOOC 学习活动设计研究 [J]. 远程教育杂志, 2014, 32 (4):99-105.

说认为，大脑皮质的信号活动根据条件刺激可以分为两大类，其中针对现实的、抽象的、刺激的第二信号而发生反应的皮质机能系统称为第二信号系统，第二信号系统是以词语作为条件刺激物而形成的暂时神经联系系统①。维果斯基认为人类行为的发生类似于刺激的产生，应该也有一个中介的存在，故而提出了中介说。而中介说则成为第一代活动理论的核心。维果斯基认为中介性是个体发展的本质因素，而活动是中介的前提和条件，即活动驱动了中介的进行，进而促进了个体的变化发展。就像在儿童学习成长过程中，日常活动驱动了对话，语言符号作为中介，在对话中，儿童的思想就会发生变化，进而儿童自身会进一步发展。维果斯基的这一理论强调了活动对于中介发挥作用的重要性，但他的研究仅仅局限于个体，重在分析个体单独地完成活动的过程，而未向群体展开。

（二）第二代活动理论

列昂捷夫是第二代活动理论研究的主要领导者。列昂捷夫在维果斯基的理论基础上，又提出了一系列理论：活动的对象性、活动的需要性、活动的中介性、内部活动和外部活动、活动和意识的统一、主导活动观。他所创立的活动理论进一步发展延伸了维果斯基的思想，将研究视角由个体转向个体与共同体存在的复杂关系，重在分析个体在与他人共同完成活动的过程。自此，活动理论日趋成熟。

（三）第三代活动理论

20世纪70年代后期，恩格斯托姆提出了活动模型理论。恩格斯托姆基于黑格尔在古典哲学中有关活动的思想和达尔文提出的生物进化论思想，考察了动物的活动结构和人类的活动结构，并研究了前者是如何发展到后者的。恩格斯托姆认为，活动必须被看作是文化调节的现象，这也是对第一代和第二代活动理论的进一步发展。恩格斯托姆提出了人类活动演进的三大历程。

首先是动物活动的生物适应性模式，在自然环境中，单个物种独自做事，即为个体生存，在适应过程中，逐渐和其他物种一起生活，形成了社会生活，和其他物种一起做事，形成了集体生存。其次是动物向人类进化

---

① 杨硕. 信息技术支持下的大学生创新创业实践共同体发展研究［D］. 武汉：华中师范大学，2018.

过程的活动模式，在动物的进化过程中，单个物种与其他物种进行联系，形成一定的共同体，产生一定的规则，同时会对自然环境进行一定的改造，就会有工具的产生，然后进一步会出现劳动分工。人类活动就此出现。最后是人类活动的结构，人类不断适应社会，形成了自己的文化，人类文化的发展，便促使了人类活动与动物的分离。人类活动的进行就导致社会总产品中产生了剩余产品，进而需要一个分配这些剩余产品的规则，于是便产生了社会。

恩格斯托姆认为活动是一整个系统，而其中包含着六个要素和四个子系统，六个要素为主体、客体、共同体、工具、规则和分工，四个子系统为生产、交换、分配、消费。[①] 其中个体或小组是活动进行者，也就是主体，主体意愿主导活动进行；客体是作用的对象，可以是物质方面的，也可以是精神方面的；共同体是很多个个体和小组的集合；工具是主体在对客体进行作用时所需要或者所用到的一系列事物，可以是物质工具，也可以是心理工具；规则是进行活动时所需要遵循的约定，即共同体的集体意愿；分工是对共同体内部的分配，可以是任务分配，也可以是权力的分配，或者是地位的分配。而这六个要素进一步的组合就构成了四个子系统。同时活动理论还有五大原则：以目标为导向、具有层级结构、内化和外化结合、具有工具中介和发展原则。[②]

（四）老年人活动理论

老年人活动理论的基本假设是，老年人社会活动之所以减少，原因是老年人的角色减少。这是由于退休等原因，老年人角色丧失。由于自我认知与个体的生活满意度密切相关，而自我认知源于角色稳定，老年人的角色丧失导致自我认知缺乏稳定性。同时，自我认知也需要通过社会活动来产生和证明。由此，老年人的生活幸福感通过自我认知这个中介，与社会活动密切关联起来。

为此，老年活动理论认为，老年人应当积极参与社会活动，通过活动降低角色中断、自我认知降低导致的生活低落、不满意状态。实践中，一

---

① 杨莉娟. 活动理论与建构主义学习观 [J]. 教育科学研究，2000（4）：59-65.

② 赵阳. 教育游戏评价指标体系研究 [D]. 开封：河南大学，2012.

些老年人通过志愿者服务等参与社会活动，探寻新的社会角色，其自我正向形象较多。

第二节　活动理论的人物观点

"活动"一词起源于拉丁文"act"，中文翻译为"做"，西方哲学和中国古代哲学皆对"活动"进行过思考与论述。在我国古代汉语中，并没有对"活动"进行详细的解释，但"行"一词对此进行了很好的诠释。在中国古代哲学史上，"知"与"行"密不可分。哲学家们倾向于认同王阳明所提出的"知行合一"的观点。而对于早期西方思想家来说，"活动"仅仅是人的行为活动。之后的西方哲学家在亚里士多德的理论基础上，根据自我研究理解发表出新的观点并得到一定的发展。本节针对维果斯基（Lev Vygotsky）、列昂捷夫（Alexei Nikolaevich Leontyev）、伯吉斯（Earnest W. Burgess）等主要人物观点进行分析阐述。

一、维果斯基

维果斯基，苏联著名心理学家，他创立了心理发展的文化历史理论，该理论是文化历史学派的重要思想之一，因其在心理学领域作出杰出贡献被称为"心理学界的莫扎特"。维果斯基在进行人类实践活动，结合并汲取马克思的活动理论观点研究分析后提出，人的心理是在人与人的交往互动中，在社会活动的过程中发展起来的。维果斯基提出活动主要是指个体的社会活动、学习活动、实践活动等外在的活动，但是思维活动、记忆活动等内部思维过程却并不属于活动的范畴之内，而是构成意识的高级心理机能系统的形式之一。人的活动与意识密不可分具有同一性，研究人的意识不能越过人的活动以进行内省的抽象研究。维果斯基认为，"意识不是与世隔绝的、隔离生活的内部封闭系统，而是以活动作为它的客观表现的。所以可以通过活动对意识进行客观研究"①。但是维果斯基对活动理论

---

① 王光荣．维果茨基心理学理论述评［J］．心理学探新，2002（4）：7-11.

的研究植根于对意识的长久思索，也可以理解为维果斯基的理论研究的基础是对意识问题的探索，与此同时，他认为意识又是作为高级心理机能系统而存在的，因此，他的研究转变为对高级心理机能系统的社会历史起源的研究探索。由此看来，意识与高级心理机能系统理论研究才是其核心观念，其理论的提出是为意识与高级心理机能系统理论而服务的。

二、列昂捷夫

阿列克谢·列昂捷夫，苏联心理学理论家，师承维果斯基，其思想深受维果斯基影响，擅长设计心理学实验，是活动理论研究集体的领袖之一。赵慧军曾指出：列昂捷夫……是公认的活动理论的缔造者。[①] 列昂捷夫认为，当时社会心理学存在的危机的根本原因就是忽略了人的活动，因此列昂捷夫主张心理学应该研究人的活动并通过对活动的研究来进行心理的研究。人的活动形式多种多样，皆具有不同的特点，但其始终包含在社会关系的系统当中。他认为，人的社会意识决定于人的社会存在，而不是取决于周围的事物，人们要想正确地研究心理，必须要研究活动，只研究人脑、研究感觉系统、研究外界对象作用的物理特点是不充分的。一切高级心理机能最初都是在人们交往活动中以外部动作的形式表现出来的，之后经历数次反复，才能内化为内部的智力行为。活动是这种内化过程的桥梁。他提出将个体带入社会活动，并在科学化的、标准化的描述与研究中探讨，发现个体活动的构造与形成因素，以及各种要素之间的相互关系，进而来研究社会活动、社区服务活动、养老活动、教学活动、贸易活动等具体的活动。他的活动学说认为，人的外部活动是一切内部活动的起源。人类活动包含外部（肢体语言等）和内部（如思维活动、记忆活动等）两种形式，外部的过程先于内部的智慧活动，外部活动是内部活动的起源，内部活动与外部活动在互相转化，可以理解为活动的内部化和外部化。[②] 在活动的内部化过程中，外部将会转化为内部活动成分。例如，小孩子通

---

① 赵慧军．活动理论的产生、发展及前景［J］．东北师大学报（哲学社会科学版），1997（1）：88-94.

② 于璐．列昂捷夫的活动理论及其生态学诠释［D］．长春：吉林大学，2011.

常通过大声念英文词组的字母组合来背诵单词，但是伴随学习时间的加长，学生再继续这种学习方式的必要性减退。而活动的外部化，就是把活动的内部成分转化为外部成分，如将创作的歌曲演奏出来，或将创作想法记录下来。列昂捷夫的活动理论学说成立后，它在苏联心理学、俄罗斯心理学甚至是世界心理学社会学的出现中发挥了巨大作用，并被广泛地应用在各个领域。但是其学说在部分具体问题上如活动概念的具体内涵等方面不够完善，存在争议。

三、恩格斯托姆（Y. Engeström）

恩格斯托姆，芬兰活动理论学者。在 20 世纪中后期，继承第一代活动理论提出第二代及第三代活动理论，丰富了活动理论的内涵。与第一代活动理论相比，恩格斯托姆所提出的第二代理论更注重研究个体在与社会其他成员的互动协作中实现活动的过程，强调任何社会活动都是处于一定的社会环境及社会关系之中，没有一个活动是孤立的，单独的活动不可能是纯粹的个体活动。在 2001 年，恩格斯托姆等人发展了第三代活动理论，此理论认为人类活动并不是处于一个简单的团体之中，而是在一个复杂多样的社会交叉网络之中。第三代活动理论出现在两个或两个以上发生互动交流的社会活动系统之中，更完整系统地描述人类活动。

四、伯吉斯

美国社会学学者伯吉斯是芝加哥学派代表人物，曾任美国社会学会主席、美国老年医学会主席。他的老年活动理论认为，退休后的老年人因为个体和社会原因，被挤入一种不参加社会活动的状态，活动也只能履行无意义的社会角色的情景。伯吉斯的活动理论强调，社会互动对每一个人都有同等价值。个人的角色在工作、婚姻、社会参与等基础上建立。那种认为进入晚年的人一定要扮演失去社会意义和活动这样一个消极的或不是角色的观点是不合适的。如果老年人失去工作和社交活动，又不能在其他地方找到替代角色或建立新角色，老年人被排斥于社会活动之外。而且这一状况正在发展着。老年人就会被挤入一种不参加社会活动的状态，伯吉斯把这称之为"非角色之角色"。

这种情况最终会让老年人放弃身份、搁置社会价值，而自我形象也会变得模糊。因此，伯吉斯认为，老年人在精神上和心理上要与社会保持接触，有活跃的社交生活。尤其是当代社会，随着人类预期寿命的增长，老年人正成为当代社会一个越来越庞大的群体。但是，刚进入现代化的国家可能还没有准备好接纳老年人，而传统的习惯被延续，老年人的生活质量降低，价值被淹没。为此，伯吉斯的理论倡导社会反思并从活动角度促进老年人的幸福生活。

第三节　活动理论的实际应用

活动理论广泛应用于社会生活，其中该理论在社会工作方面对在老年人群体中开展活动有积极影响。

一、开展老年人活动的背景

2021年第七次全国人口普查结果显示，我国60岁及以上人口为26402万人，占18.70%。其中，65岁及以上人口为19064万人，占13.50%。[①] 随着社会老龄化日益加重，老年人口日益增多，提升老年人的幸福感和获得感就显得尤为重要。

在现实生活中，老年人的心理状况主要受两方面原因影响，一是老年人退休后带来的无事可做的苦闷感。二是老人伴侣离去后的孤独感。老年人活动无论在生物学、医学的领域里，还是从日常生活中的身体素质和个人精力来看，都表现为减弱的趋势和无法跨越年龄的障碍。

老年人如果能够保持中年时的活动，就能更好地熟悉适应退休生活，并对晚年生活感到满意。社会工作者要积极组织老年趣味活动，在态度和价值取向上鼓励老年人积极参与他们力所能及的一切社会活动，帮助他们

---

① 宁吉喆. 第七次全国人口普查主要数据情况［J］. 中国统计，2021（5）：4-5.

重新认识自己，从而慢慢适应新的环境与新的角色，并习惯和享受退休生活，在身体素质和心理状况方面拥有一个健康快乐的晚年。

我国以活动理论为指导开展了不少调查研究。例如，小组工作介入老年人精神需求问题的研究①，在活动理论的视角下组建老年手工兴趣小组，使老年群体自主融入社区。这个案例以兴趣小组的发展逐渐带动该社区老年人的发展，提升老年人的社会存在感，减少老年人的精神空虚感，发挥老年人的活动参与度和社会价值感，老年人的精神需求得到满足。再如，合作配置活动理论视角下的居家养老模式探析杭州养老社的调查②，以活动理论为理论基础对我国居家养老模式展开分析各因素的影响程度。这个案例验证了活动理论各要素在居家养老模式中的可实践程度，得出提高养老满意度应注重明确居家养老服务人员和老年人的活动目标、优化养老资源配置和提高团结意识的有关建议。

二、活动理论下开展老年人实践活动

"1999 年，乔纳森（David H. Jonassen）利用活动理论作为分析框架……15 个子步骤进行分析。"③ 由此社会工作者可以根据活动理论指导开展实践活动。

（一）确定活动的目的

提高老年人心理健康与身体素质；密切与老年人之间的情感连接；关注老年人的个人成长与增强防诈骗意识；帮助老年人获得健康快乐的晚年等。

期望：社会工作者通过积极开展趣味活动，希望老人们积极参与各个活动，并从中感受温暖和快乐，收获一段持久的友谊，丰富老人们的精神生活。

---

① 宋琳. 小组工作介入老年人精神需求问题的研究：以保定市 W 社区为例 [J]. 社会与公益，2020（7）：87-90.

② 马香媛，刘子含，黄鹤. 合作配置活动理论视角下的居家养老模式探析：杭州养老社区的调查 [J]. 浙江社会科学，2021（4）：81-88.

③ 吕巾娇，刘美凤，史力范. 活动理论的发展脉络与应用探析 [J]. 现代教育技术，2007（1）：8-14.

（二）分析活动的要素

主体：社会工作者（活动策划者和组织者）。

客体：退休老人、独居老人、残疾老人（活动对象、参与者）。

共同体：社区居委会（活动支持者和提供场所帮助者）。

工具：游戏小道具，体育器材。

规则：靠老年人集体意愿，商量制订。

分工：按小组划分任务，按活动中的表现分配权利。

（三）活动具体开展项目

1. 具体活动

文艺表演类：特定节目下唱歌或者合唱、舞蹈（双人舞）、拉二胡或者各类吹奏乐器……

兴趣学习类：棋艺（五子棋、围棋、象棋、麻将）、书画、乒乓球、沙画……

娱乐游戏类：折纸花、送祝福、心心相印、你比我猜、你我都会的红歌、击鼓传花、套圈传宝……

分享科普类：去社区花卉爱好者的家里参观学习、分享简单而美味的家常菜或特色菜品做法、社会工作者组织看科普类或温情类电影、组织防诈骗小会提高防骗意识、组织在家安全急救知识学习和宣传……

2. 活动规则

文艺表演类节目，老人们表演结束后，根据喜爱程度投票选出最优者，投票结果社会工作者不公布，防止让获得票数少的老人伤心，但会公布最优者并请他作一个简单的经验分享。之后请最优者做学习和表演小组的组长，直到下一次表演投票，但结果要排除上一次的最优者，让每一个老人都有机会，以此循环。

兴趣学习类和娱乐游戏类都有互动比拼的游戏环节，可以按照老人们的参与度和过关度，给予老人不同的小奖品，并拍照纪念贴在社团专门区域展示。

分享科普类活动的学习结果，掌握程度较好的老人，给予鼓励和一定的奖励并获得下次分享主题的资格。

3. 注意事项

从活动内容本身来说，活动要有趣味性和简单性。活动的开展要从老人们的兴趣出发，开展并组织多个活动小组，满足不同个性老人的兴趣需要；活动要简单化，去除烦琐复杂的步骤，使活动的完成度提高，拥有可操作性。

从活动的外部环境来说，要注意活动开展的地点和时间。在地点上，要选择较为空旷的房间或者院落，防止游戏时杂乱的物品使老人们受伤；在时间上，要尽量选择一天中的早晨或下午时刻，这个时段温度适宜且光线舒适，有利于活动的开展。

4. 分析活动效果

（1）优点

开展这一系列的趣味活动，鼓励老年群体积极参与，老年人在活动中真真切切地获得乐趣。在活动中，老人们在头脑运转、身体协调性、心理健康、身体素质和兴趣爱好方面都受到积极的引导，重新唤醒了对生活的热情。社区里老年人生活愉悦，有助于家庭和谐，社会稳定。

（2）不足

在活动初期，老年人参与少，所以对游戏的熟悉度和完成度较低，影响活动整体的连贯性和完整性。部分老人对规则的理解不足，需要社会工作者一遍遍耐心地指导，活动进度较慢。部分活动无法顾及身体残疾或有隐性疾病的老人。

（四）活动评估与反思

老年人的活动有各种不可抗的因素，要在活动开展前进行全面的考虑，社会工作者要将在一个个活动中获得的良好经验或发现的问题记录下来，并在下一次活动开展中改进。

总之，活动是一个整体系统，要在各个方面考虑周到，统筹兼顾，计划在合理的范围之内，提高活动的活跃度与可持续性。社会工作者要及时关注每位老人的身体情况与情绪变化，并给予关照、鼓励和安慰，同时社会工作者也要具备充足的安全急救知识。

第四节　活动理论的影响与评价

当人们步入老年期，随着身体机能的衰弱，适当的活动也就变得重要。为了适应身体的老化，保持积极的社会接触，老年人需要经常参加社会活动。老年活动理论的提出进一步强化了老年人需积极参加社会活动的观点。有利于提高积极老龄化。例如，当今社会，越来越多的老年人喜欢在空闲时间里散步、跳舞、做操等一系列社会活动，而且他们通常成群结队地出现在室外，不喜欢整日闷在屋子里，甚至有些老年人参加社会活动的积极性比青壮年还要高。而年轻人却更喜欢在家里，不参与任何的社会活动。这也就充分诠释了人到老年却不服老的精神。生活的基础就是社会活动，适当的社会活动对于老年人来说非常重要。健康、社会福利、人际等因素对老年人参加社会活动的积极性有很大影响，经常参加社会活动可使一个人顺利进入老年过程。老年人积极参加社会活动，有利于增加心肌力量，降低胆固醇，有利于防治高血压等疾病，还可以使老年人产生舒适感，能够缓解老年焦虑，保持良好的睡眠状态，改善肺和肠胃道功能，防治感冒。当一个人慢慢变老时，身体的机能也会退化，老年人进行适当的社会活动，能减缓身体各个系统的退化，防止骨质疏松和肌肉萎缩，从而使运动更加灵活。国外调查显示，经常运动的老年人比不运动的老年人平均寿命长且大脑更灵活。大脑神经的活跃需要老年人通过经常活动来减缓神经衰弱。特别是对于那些久坐而不运动的人来说，只有多多活动提高大脑神经反应的速度，才能在危急时刻做出最快的反应，从而避免危险。有关医学证明，经常用大脑思考的人比不经常用大脑思考的人的大脑退化速度要慢得多。老年人积极参加社会活动，有利于防止大脑退化，且能减少得老年痴呆症的概率。

当今社会，核心家庭和双职工家庭越来越多，面对强大的社会竞争压力，很多子女难以抽出时间来陪伴自己的父母，老年人参加社会活动能缓解这种孤独感。因此，老年活动理论的产生更加证实了老年人参加社会活动对自身有利这一观点，理论要求老年人用新的角色来替代已经失去的角色，目的是拉近自己与社会的距离，保持社会联系。简言之，通过活动来实现自己的幸福感，这一理论被大多数人接受。

然而，所有的理论都有不足之处，时代的不同，也就会导致理论在这一时代所发挥的作用不同。老年活动理论并不是非常完美的，它只是考虑了参加社会活动对老年人的积极影响，片面地认为老年人只要活动水平高，就会得到生活上的满足和身心上的愉悦，这是一种盲目乐观的理论。虽然曾有研究表明，老年人活动的活跃度与其幸福感正向相关，但是有一些老年人脱离了社会也能满足于自己的生活，并未出现消极低迷的情绪。比如，有些老年人喜欢安静，他们在家中养花、养鸟、闲暇时读书看报写字。他们喜欢清静而不喜热闹，这些独处的方式就是在享受生活，就是在提升他们的幸福感。他们因性格不同从而导致获得幸福感的方式不同。这表明老年活动理论并不适合所有的老年人。

老年人的幸福感受外部因素影响。就外部因素而言，首先，社会因素占很大一部分。许多老年人退休后依然想为社会、为家庭做点什么，但社会却没有给他们参与的机会，一些老年人因为与社会断联而导致得了老年抑郁症。当今社会给予老年人参加社会活动的机会很少。所以，社会应努力为老年人参与社会活动提供更多的机会和条件，这也会提高老年人的幸福感。其次，家庭环境也是重要因素之一。有些老年人迫于子女带来的压力，他们把子女看作一切，当子女生活得不好时，他们会为子女未来的生活发愁，从而没有动力和精力去考虑别的事情，会尽力去帮助子女，让子女生活质量提高。子女过得好，他们也就感到很安心，从而也就获得了幸福感。最后，老年人正常生活的基础是经济，自己的劳动工资是老年人主要的经济来源，若儿女的收入不佳，也会直接导致老年人不愿意面对社会，容易产生自卑心理，没有多余的精力参加任何社会活动。除了这些外部因素之外，老年人自身因素也会影响其幸福感，例如老年人的心理健康。许多还想继续劳动、为社会服务的老年人，身心健康状况却并不尽如人意。身体系统的衰退会使得一些老年人感到焦虑不安，无法以平常心看待，身心健康状况也就变差。据有关调查，文化程度高的老年人比文化程度低的老年人参加社会活动的能力强。因为文化程度高的老年人本身具备良好的理论文化基础，他们接受新观念能力强，大脑反应更灵活。通常情况下，受过教育的老年人更乐于与社会保持良好的联系。

综上所述，老年活动理论在一定程度上为老年人的生活指引了方向，使老年人产生幸福感，充实老年生活，但是它却用同一模式去衡量所有的老年人，而并未考虑到老年人的生活方式、经济收入、心理健康等因素差异，具有一定的片面性。

▌思考与练习

1. 简述活动理论的发展历程。
2. 简述活动理论有哪些代表人物，分别持有何种观点。
3. 简述活动理论在我国的实际运用。
4. 试述活动理论的影响与评价。

第七章

脱离理论

近年来，中国乃至世界人口比重中，老年人数量、比重都在不断升高，老龄化逐渐成为一种世界性社会现象。因此，有关老年人的社会问题引起社会越来越多的关注，"老年社会学"在社会学研究中的重要程度不断上升，老年社会工作也成为社会工作实务中更为重要的一支，老年人退休后的社会活动及交往状况也越来越受到关注。脱离理论（也称"撤离理论"或"休闲理论"，以下统称"脱离理论"）是研究老年人与社会关系的理论。首先，我们将阐释脱离理论的产生和发展；其次，介绍其人物观点；最后，从理论发展六十余年来的实际运用及影响评价两个方面进行论述。

第一节　脱离理论的形成与发展······················■

脱离理论是研究老年人与社会关系的理论，也是一个较早把社会研究目光放到老年人身上的理论，属于西方社会学主要学派之一的功能理论。代表人物主要是美国的卡明与亨利。自 1961 年提出后，脱离理论经历了六十余年的发展。本节将系统地梳理脱离理论的形成基础以及其发展的过程。

一、脱离理论的产生

脱离理论的研究可以追溯到 1961 年。卡明、亨利受美国国家心理健康研究所支持，到密苏里州的堪萨斯城对 2457 位 50~90 余岁的老年人进行谈话调查。在谈话中他们发现，许多 50 岁以后的老年人感觉自己的身体机能、行动能力、工作水平都随着年龄的增长明显下降，与年轻人相比，他们的竞争力明显减弱。且无论是自愿还是非自愿，随着年龄的增长，老年人会一步步偏离社会主流，生活也偏向简单化，退入以个人为中心的生活。基于此，1961 年，卡明与亨利在他们合著的《逐渐衰老》一书中提出了脱离理论。脱离理论的观点是：社会功能有条不紊地实现，在于让上了年纪的人们从责任位置上脱离出来①。该理论认为，不管老年人是否愿意，让他们从主流生活中脱离，把主要社会角色退让给有较高生产能力的年轻人。对年轻人来说，能有更多的发展机会；对老年人来说，脱离之后，也能摆脱社会对其能力水平的期待，减少社会的交往，体会内心的平静，更好地安享晚年；对社会来说，能减少年轻人和老年人之间因竞争产生的破坏性，而社会主力更新换代快，新鲜血液多，也能促使社会的不断发展，文明的不断进步。脱离理论还认为，作为一个整体社会，也必然要求老年人远离大量的社交活动。② 值得一提的是，该理论认为，当人们步入老年之后，与婴幼儿向青少年的发展变化不同，中年向老年的变化则意味着另一段新的人生到来，老年人应当过不同于中年期的生活及社会活动。该理论的提出，不管是有意或无意，老年人从社会生活中脱离都是普遍和不可避免的。

二、脱离理论的发展

任何一个理论的发展都不可能是平波无澜的。脱离理论产生后，在学界引起了轩然大波。众多学者认为，纵使有一部分老年人在到达一定年龄之后应当减少社会活动，降低情绪波动以保持身心健康；但与之相对的，另外一部分老年人也需要时刻与社会保持联系，通过多样化的交往活动来保证自己"被需要"，以此证明老年生活的意义，脱离理论的提出较为片面。由于争论过多，脱离理论诞生后，在学界产生引发了许多脱离理论的相关衍生理论，试图对该理论作出驳斥或发展。

与脱离理论的两位提出者亨利、卡明同属芝加哥研究小组的另一位组员罗伯特·哈维格斯特与艾王白合著的《老年人》一书，同样通过对美国

---

① 约翰·J. 麦休尼斯. 社会学［M］. 风笑天，等译. 北京：中国人民大学出版社，2007：464.

② 戴维·波普诺. 社会学［M］. 李强，等译，北京：中国人民大学出版社，2003：334.

密苏里州堪萨斯城年龄 50~90 岁的 300 位中产阶级白领开展了 6 年定期谈话分析提出了活动理论。该理论同样属于西方社会学的功能学派，认为由于社会结构的安排及老年人生理条件的影响，人在步入老年期后会自然而然地减少社会活动，但老年生活应当是中年生活的延续，老年人同样需要与社会保持积极的联系。作者在书中鼓励老年人多把精力放在社会活动上，这些社会活动可以使他们保持心理健康，延缓衰老。社会也应竭尽所能地为老年人的社会活动提供条件与机会。这与脱离理论的主要观点截然相反。

而活动理论产生后，又有学者提出了连续理论，起初是对脱离和活动理论进行中和调整，后来又持续发展，这里不再赘述。该理论更加重视老年人的个性观点，认为不用片面提出或脱离或活动的理论，一切遵照老年人个体的个性化需求来决定，因为其中和性的选择，使它在学界广受赞扬。

在脱离理论提出后的 1965 年，经历了诸多争议发展，脱离理论的其中一位提出者亨利对他们的理论作出了调整：个性在人的一生中会得到不断的发展，有的老年人纵使不经历与社会的脱离也能成功实现自我心态的转变，从而保持自己的身心健康。这结合学界其他的理论对脱离理论作出了补充发展。

此后，脱离理论经历了十几年的发展。直至 1986 年，学者亨德里克斯对脱离理论作出了补充。他认为，人们在老年时选择脱离社会主要有两种情况，年轻时面对人生压力无所适从甚至选择退缩的人在老年时常会选择脱离社会，吻合脱离理论的内容；而年轻时直面压力的人在年老时则不会轻易退出，会积极面对老年生活，呈现出活动理论的特点。

时至今日，在老年学理论中，脱离理论仍然是引起争议最多的理论之一，也将会持续发展。

第二节　脱离理论的人物观点

社会脱离理论最早是于 1961 年由英国人亨利提出来的，亨利提出的主要观点是："人的能力不可避免地会随着年龄的增长而下降，老年人因活动力的下降和生活中的角色的丧失，希望摆脱他们具有生产能力和竞争能力的社会期待，愿意扮演比较次要的社会角色，自愿脱离社会。"①

　　针对该观点，争议有两个方面。一方面，老年人认为随着他们年龄的增长，人开始逐渐会发生自我退缩等行为，他们便主动要求退出人类社会，不再从事一些原本是他们本人所能够进行的其他社会活动方式与生活行为，这种自然脱离便被人们认为是合乎自然的。因为现代老年人随着自己年龄的迅速增长，不可避免地都需要面临衰老的问题，衰老也限制住了他们再长期从事一些高强度的社会活动的能力，不宜继续参与主要的社会活动，而应该脱离社会，这既有利于社会也有利于老年人。从老年人个人来说，我们每个人从出生到死亡就是一个不断消耗的过程，当我们步入老年阶段时，我们的身体已经不如年轻时那样健康，自理能力将变差。同时，数据显示，慢性病多发于老年阶段。这也意味着老年人将面临生理失能的问题，晚年生活的失能就需要他人的直接帮助，个人尚且不能自理，又何谈对社会的贡献呢？所以当一个人步入老年，他的能力与精力都已远远不如年轻人。况且不难发现，老年人时常因自己的经验与阅历而故步自封，他们对新事物的接受能力不足，创新能力大大下降，思想观念守旧，因而他们在面临一些问题时无法给予创新性的方案。另一方面，老年人随着年龄增长，健康状况日益下降，他们将更多的精力放在关心自身的健康状况上，更加注重自身的疾病。这对于他们来说何尝不是一件好事？忙忙碌碌了一辈子，到了晚年好好享受生活，将更多的精力放在自己如何颐养天年上，也减少了对社会与子女的养老负担。还有，老年人学习兴趣的主要范围也随着自己的年龄以及阅历知识的认知年龄逐渐增长而缩小，好奇心亦就会随之逐步减弱，对接受一切新事物亦会越来越缺少兴趣激情，对各种事物变得冷漠②。他们在心理上产生惰性，而当其脱离社会，则有大把时间供自己支配，若能培养自己的兴趣爱好，则能对其身心都产生不错的影响，既能丰富精神世界，又可排解忧郁情绪，能对老年生活产生积极意义。

---

　　① CUMMING E，HENRY W. Growing old：The process of disengagement ［M］. Basic Books Publishing Co.，1961.

　　② PARSONS R J，COX E O. 老年社会工作：权能激发取向［M］. 赵善如，赵仁爱，译. 台北：扬智出版社，2001：47.

　　从社会方面来讲，老年人脱离社会有以下几方面的好处。其一，老年人自身再次成功回归社会的实际可能性会骤减，他们往往不再会具备相对较高水平的综合生产能力，容易形成自身较强承受的养老心理压力。而社会也有其自身的代际交替，此时老年人已无法产出较高的效益，社会也需更新生产力，如若此时老年人退出社会舞台则能促进社会有序地进行代际交替，给予年轻人更多的机会。社会的发展前进需要新生动力，因而我们需要老年人退出社会舞台，让年轻人在社会上发挥更大的作用。其二，老年人能有序地退出这个社会，能够迅速带动国内养老休闲产业经济的高速发展，拉动社会养老的经济增长。我国人口老龄化社会问题已比较严重，老龄社会人口增加无疑给我国家庭社会和整体社会生活都带来了很沉重的人口负担。我们现在有那么庞大数量的社会老龄人口，如果老年人有序地参加养老产业，不给子女增添压力，同时也带动了康养大健康产业的发展，有利于社会的和谐发展。

　　针对老年人脱离社会是否有利于个人与社会也存在质疑。关于质疑有以下几个方面。首先，当老年人是被动退出社会，违背个人意愿时，其心理会产生不良情绪，如退休综合征，他们难以适应环境与角色的转变，导致他们易出现焦虑消沉和偏离常态的行为。特别是事业心强、好胜心强的人，他们对待自己突然没有事情可做，感觉自己对他人没有贡献了，产生了强烈的失落感。有些人则不愿放弃原本的社会角色，而当自身能力与现实发生冲突时，他们的挫败感增强，这是不利于老年人身心良性发展的。所以不妨让他们多多参与一些活动，丰富他们的精神文化生活。其次，当今社会生存竞争压力巨大，很多老年人被迫退出社会，却不得不为了生存而继续挣钱养家，那么老年人撤离对个人有好处显然就不具有说服力了。一些地方出台规定，严禁工地招聘60岁以上的工人。而大部分60岁以上的工人都是来自农村，他们还需要挣钱养家，由于这种规定，他们不得不进行社会撤离，而他们撤离的背后将是一个家庭的劳动力失业。而一个老年人失业将很难再就业，他们将面临经济困难，这无疑给个人和社会都带来了压力。最后，随着国家医疗水平层次的快速提升和居民物质生活条件的进一步改善，目前人口的平均寿命延长，他们离开各自的社会角色后还有很长的一段生活时间，并不是每个人都能很好地完成社会撤离，他们撤离后又该何去何从，都无法给出回答。个体个性差异、现实社会因素影响着老年人的撤离。我国大部分老年人会依然愿意并一直保持过着作为一种社会精神活动水平程度较高的老年人社会工作的生活方式①。

老年人活动理论还会持续存在一定的争议。老年人的过早撤离经济社会并不一定能给社会带来发展，相反，像钟南山、李兰娟、张伯礼这样的高龄老人，如吴孟超、袁隆平这样的长寿老人，在达到其一定高龄阶段后仍有可能为我国现代物质社会生活建设作出一些比较突出的贡献。从生物学角度来看，步入老年，各方面生理功能趋于退化，许多人就已逐渐脱离社会工作，该理论也具有总体的合理性；但在个体方面来看，尚有存疑。

第三节 脱离理论的实际应用

当今社会，全球老龄化的发展趋势愈演愈烈，世界老年人口规模不断增大。尽管老年脱离理论被提出到现在还没有100年，但是随着全球老龄化的加重，使得老年脱离理论在当今社会的应用比比皆是。

根据老年脱离理论，到了一定年龄后，老年人将主动或被动脱离社会，其在社会中扮演的角色也会逐渐次要化。在与某些人保持着密切关系的同时，与另一阶段的人的关系逐渐疏远。按照我国退休制度所规定的退休年龄——男干部或工人60岁可退休，女干部55岁、女工人50岁即可退休；另外，连续服役或累计工龄满10年，可以退休，但是退休年龄根据不同的行业也会有所不同。

随着经济不断发展、物质水平不断提升和医疗卫生条件的不断改善，老年人的预期寿命比先前有所延长，在离开工作岗位后，许多老年人仍然还可以再活20~30年。所以有些老年人并不想尽快地脱离社会、把自己置于社会中一个比较次要的角色。他们仍然怀着满腔热血，到了该退休的年纪，仍然活跃在工作一线。这样的老年人并不在少数，譬如段君毅同志——在中华人民共和国成立以后，他曾担任中共北京市委第一书记、河南省委第一书记等职位，在他80岁高龄的时候却仍然坚守在一线工作岗位上。

---

① 邬沧萍. 社会老年学 [M]. 北京：中国人民大学出版社，1999：272.

但是我们要清楚地认识到老年人的脱离过程有两个启动形式——一个是由老年人启动的，另一个是由社会启动的。老年人主动地脱离社会，自发减少较多的经济活动，把自己置于社会中一个比较次要的角色中。这是由老年人自己主动启动的脱离过程。由于社会或其他角色对将退休的老年人的定位，国家或公司规定的退休章程，使得老年人不得不脱离社会，这是由社会启动的脱离过程。尽管个人因素或文化因素可以改变脱离的形式，但可以假设，世界各地的老年人最终将与社会隔绝。[①] 然而，老年人脱离生活的过程是普遍的和不可拖延的。在老年人主动启动的脱离过程中，会产生许多好处，无论是对老年人，还是对社会。在由社会启动的脱离过程中，我国老年人因发展能力和生产能力逐渐降低，再也无法满足以及承担工作中较高的生产力和竞争力，还有社会对他们过高的期望，以至于公司或者公司中其他的年轻人对老年人排挤、歧视，在某方面会使老年人产生更多的生理压力，会促使快要退休的老年人出现离退休综合征，让老年人产生无力感。同时也会对企业与社会的发展产生许多消极的影响。比如，对于那些中年工作者，或者中年偏老年的工作者也会产生心理压力，会让他们害怕自己到了退休的年龄也会遇到同样的歧视以及遭遇，影响他们的工作积极性。

第四节　脱离理论的影响与评价

脱离理论在 1960 年提出，到目前为止已经有 62 年的历史。由于国情不同、时代不同，脱离理论的解释就会存在着不同。

脱离理论在一定意义上说明了老年人会面临社会老龄化的情况，同时也总结了老年人和老年期进行社会互动的关系。每个人都会经历从中年期到老年期的一个过渡，都会面临身体虚弱、疾病缠身、活动力下降、自身能力下降等情况，很多老人都默认这种负面的感觉，主动放弃许多有意义的活动。这种脱离过程属于老年人自我启动，有着一定的积极影响。其一，老年人主动脱离社会，有利于老年人安心养老，在一定程度上可以提

①　邬沧萍. 社会老年学［M］. 北京：中国人民大学出版社，1999：271.

高老年人的生活质量。老年人主动脱离社会，可以实现从劳动中的角色到养老中的角色，从创造性的角色到享受性的角色的转换，及时调整生活方式，摆脱较快节奏的生活，可以实现"晚年唯好静，万事不关心"的理想生活。其二，老年人主动脱离社会，也有利于社会继承。由于老年人不像过去那样有用或可以依赖，必须让青年人担任过去他们占据的职位而把他们排挤出去，以保持社会体系的平衡①。对社会而言，这种形式的脱离，可以让权力有条不紊地在老年人和年轻人中实现交接，同时也不会出现因老年人死亡而导致社会功能受损的现象。

我们应该辩证地看待"脱离"二字，脱离有两种形式，一种是由老年人启动，其透露出一种消极的、悲观的、被动的状态；另一种则是由社会启动，社会迫使老年人脱离社会、扮演次要的角色。后一种情况下的脱离极大可能是违背个人意愿的，一般会伴随着社会对老年人的排斥和歧视，因此便不符合脱离理论成立的前提——假设所有老人都愿意脱离社会。

虽然脱离理论有其积极意义，然而也存在着一定的局限性。第一，脱离理论忽视了个性的差异。每个老年人在年轻时的经历不同、性格不同，因此在面临脱离社会这个选择时意愿也就不同。有愿意在一定年龄时主动退出社会角色的老人，也有愿意一直保持与社会较高频率互动的老年人。性格开朗活泼、人际交往能力强、不喜欢独处的老年人往往不想减少社会互动和与社会的联系；而性格孤僻、喜欢一个人独自相处的老年人更想要脱离社会，获得一定程度上的解放。第二，脱离理论忽视了老年人社会地位上存在的差异性。退休的工人和退休的老年知识分子在脱离社会的程度上不尽相同。即使同样深居简出，知识分子读报纸听新闻，心理和精神上依然保持着与社会的联系；而闭门不出的退休工人，则处于一种全方位的脱离社会状态②。不能只凭借年龄决定是否脱离社会，有许多已经到退休年龄的人，依然坚守在工作岗位上为社会提供价值；也有刚刚60岁，便已经选择脱离社会了。第三，忽视了脱离理论的文化特征。脱离理论将老年人脱离社会这一现象描述得过于片面化和绝对化，但是老年群体不管是在家庭还是社会中都还发挥着不可替代的作用。在一些文化传统中，老年人

---

① 邬沧萍. 社会老年学［M］. 北京：中国人民大学出版社，1999：271.

② 同上.

能为年轻人提供指导，为家庭提供支持，他们并不能套用脱离理论。也有的老人可能会凭借一己之力为社会奉献到生命的最后一刻，他们认为这便是自己的价值。因此，总有一部分老年群体是可以被社会接受和认可的。第四，当下脱离理论在某种意义上加重了社会的养老负担。当前老年人的平均预期寿命普遍延长，发达国家基本上都达到了80岁以上。也就是说，老年人一般在退休后依然可以再活20~30年。如果老年人过早地脱离社会，只依靠年轻人创造社会财富，就会导致我国社会养老压力加大。第五，脱离理论不符合当下的时代背景。衰老是在整个社会背景下进行的。我国当前60岁及以上人口为26402万人，占全国总人口的18.7%，与2010年60岁及以上人口的比重相比上升了5.44个百分点，这意味着人口老龄化程度进一步加深[①]。为了在一定程度上缓解人口老龄化带来的各种问题，我国采取了很多措施，其中一个重要的措施便是延迟退休。我国实施改革退休制度，推迟老年人的法定退休年龄，让老年人凭借自己个人的丰富经验继续在工作岗位上发挥余热，为社会创造财富和价值。由此可见，社会脱离理论并不完全符合当今时代和中国当下的国情。

总的来说，脱离理论确实能对我国老年事业的发展产生一定的积极影响，并且对老年人脱离社会后的角色和生活方式的改变也作出了合理的解释。但是，也要正视它的局限性，脱离理论忽略了老年群体的庞大和复杂，也忽略了脱离理论给个人和社会带来的种种弊端。现代社会一直强调将学习贯穿人的一生，持续学习，终身学习，让老年人通过学习再社会化，消除与社会的隔阂，积极参与社会生活。

▌思考与练习

1. 简述脱离理论的发展脉络。

2. 脱离理论的主要观点有哪些？

3. 如何评价脱离理论？

---

① 宁吉喆. 第七次全国人口普查主要数据情况 [J]. 中国统计, 2021 (5)：4-5.

第八章

连续性理论

第一节　连续性理论的形成与发展

连续性理论（Continuity Theory）主要强调的是人们维持过往与现今之间联系的需要，维持自己所需要的社会参与水平才可能得到最大的幸福感和自尊感。如果一个人在老年时仍能继续保持他在中年时的个性和生活方式，那他的晚年生活会很幸福。这就是连续性理论在生活中的应用。[①]

一、连续性理论的提出与形成

连续性理论最早是由美国社会学家纽加顿和罗伯特等人提出来的。这一理论从发展心理学的角度看待衰老，指出人的成长过程中既有变化，又有连续性。年轻时人们所养成的个性会一直延续到老年。那些核心特征日趋连贯，甚至变得更为明显，因而导致老年人的生活显出差异。老年人的人格因主客观条件变化而变化，这被视为适应，但这种适应也因人而异。另有学者将老年人的个性结构及其生活中的连贯性加以分类，说明他们对生活的态度一直比较稳定，各有所持。[②]

二、连续性理论的发展

连续性理论的观点综合了脱离理论和活跃理论，根据连续性理论的观点，那些高度活跃和社交性很强的人，如果尽可能保持着社交活动，就会感到很快乐。而那些愿意退休的人，他们更喜欢幽静、单独的活动，例如看书或在丛林中漫步，如果能从事这样的活动，他们将会非常快乐，有利于增强他们的幸福。[③] 连续性理论在一开始主要用于分析中老年过渡时期个人生活习性的改变以及外部的环境变化对个人延续生活习惯的影响。通

---

① 雷雳. 发展心理学［M］. 北京：中国人民大学出版社，2013.

② 李旭初，刘兴策. 新编老年学词典［M］. 武汉：武汉大学出版社，2009.

③ 罗伯特·费尔德曼. 发展心理学：人的毕生发展［M］. 苏彦捷，邹丹，等译. 北京：世界图书出版公司，2013.

常来说，一个人在青年和中年时期一旦养成了某种癖好或兴趣，在老年时期会变得更加依赖。最常见的例子就是酗酒。如果这个人在中年时期每天都喜欢喝酒，以至于酗酒，那么在其进入老年后，则更难以改变。连续性的行为形成主要分为主客观两种情况。主观原因是个体已经适应这种生活方式，且已经对其生活造成了影响但不想改变。客观原因是外部环境中缺少对个体造成重大影响的事件及变故。以酗酒者来说，从主观原因上分析，酗酒者已经习惯和适应这种生活了，酗酒所带给他的快感及满足感是其他活动难以替代的，已经形成了一种依赖心理。从客观环境来讲，酗酒者延续着中年的生活习惯，外部条件没有发生太大的变化，没有外部环境剧烈变动的这种推手所作用，酗酒者很难改变这种状况。除此之外，生活方式的连续性强弱还可以作为人们幸福指数的参考标准。如果该地区人们在生活中能延续之前自己一直满意的生活状态，那么该地区人民的幸福指数是比较高的。因为这意味着自己所受的影响较小，对自己想要的生活有较强的掌控力，反之，如果自己的中老年生活出现较大的断层，则会出现对生活的不适应。例如，贪污的官员在退休后落马判以重刑，老年夫妇丧子等情况。个体生活的连续性被破坏，都会使个体肉体和精神上承受相当大的打击。根据连续性理论，除了上文所提到的方法，还有其他因素可以增加老年人的幸福感。比如，生理和心理发展健康对老年人的总体工作幸福感影响无疑是很重要的。同样，充足的经济保障也是至关重要的，它能给人们提供基本需求，包括食物、衣服和医疗保健等。另外，自主感、独立感和对个人生活的控制感也对老年人的生活很有帮助。①

　　随着时代的发展，连续性理论不只用于研究个人的幸福程度，还用于研究在老年人医疗康养方面的缺陷和老年人如何在各机构中做到完美过渡。根据相关研究结果显示，当年老带来更加明显的身体发展变化及认知变化时，老年人可能就会开始依赖照料者，或不得不对社会生活作出新的安排。来自家庭、朋友或社区服务的支持可能有助于减少这种脱节。根据连续性理论，老年人应该住在社区，而不是疗养院，并帮助他们尽可能地

---

　　① 罗伯特·费尔德曼. 发展心理学：人的毕生发展［M］. 苏彦捷，邹丹，等译. 北京：世界图书出版公司，2013.

独立生活①。因为老年人独自待在养老院这种陌生环境里会感到孤独和害怕。这会给老年人一种完全脱离之前生活环境的感受，没有保持之前中年时期的环境，这样做会使老年人不容易获得幸福的感觉。一方面，在社区帮助老年人独自生活会使他们有延续自己之前中年生活的感觉，且社区的自然环境和人文环境都是老年人熟悉的，容易让老年人有安全感和幸福感。另一方面，在职能部门的连续性上，我国还存在一些不足。从中国的职能划分来看，卫生部门主要负责医院，民政部门主管养老，但是在老年医疗和养护的中间，缺乏良好有机的结合。② 在生活中，养老院虽然也进行体检，但频次低，体检的深度不够，医院相关工作没有跟上，致使有些隐藏深的疾病不能及时发现。而一旦患病，老年人就全权交由医院照顾，养老院没有后续的跟进服务，医院的工作人员做不到养老院那样细致的照顾，致使有些老年人虽然治好了病，但身体却虚弱了。这就是这两个机构连续性没有做好的结果。因此，解决这一问题的根本措施是要建立一个有序、完善的老年服务体系，实现分层管理，无缝衔接。我们很欣慰地看到，现在已经有政府机构意识到这个问题了。北京市卫生局率先建立了老年人卫生部门，加强对老年人健康服务工作的指导③。这是一个好的开始，这表示连续性的指导思想已经起作用了，人们开始关心中间交接的"灰色地带"。让老年人在接受治疗的过程中也同时享受到养老院里的悉心服务，这样可以保证老人们有一个好的心情，使治疗更有成效。

第二节　连续性理论的人物观点

　　连续性理论在内容上综合了脱离理论以及活跃理论的观点，强调的是人与人之间维持过去与现在联系的要求，人们得到最大的自尊和幸福感只需要维持我们在社会中所需要的社会参与水平就可以。连续性理论认为，活跃度自身并不是重要的，重中之重的是它所映射出的生活方式的连续

---

① 雷雳．发展心理学［M］．北京：中国人民大学出版社，2013．
② 陈峥．老年医疗连续性服务模式构想［J］．中国医院院长，2013（5）：91．
③ 同②．

性。对总是很活跃并且参与社会活动的老年人来说，继续保持高度的活跃水平就可能是很有必要的。很多人退休之后会继续做与他们过去相似的喜爱的工作或者休闲活动，他们就感到无比开心和快乐。再看另一方面，那些一辈子都比较安静的人就可能会喜欢坐在摇椅上晒太阳、在安静的地方一个人散散步、喝喝茶、看看书，也会过得非常愉悦。

当年老带来明显的身体机能变化及感觉认知变化的时候，老人们可能就会开始依赖照顾者，或者不得不对生活作出新的安排。那么此时，来自朋友们、家人或社区服务系统的支撑，就可能会有效地减少这种来自落差感的断裂。依照连续性理论，我们应当让老年人继续住在社区而不是养老院，甚至并且尽可能帮助他们依旧独立地生活。

除了关于老化研究有影响的三种理论之外，还有减少参与理论与持续活动理论。前者由 Cumming 和 Henry 在 1961 年提出，该观点认为，要想使老年人拥有愉快的生活，最重要的就是应该减少社交活动，尤其是情感上的人际关系的摄入。留下自己的空间与时间，独自享受恬静自由的老年生活。其主要存在于两个方面：一是来自社会参与的减少，即为了保存社会的功能，就要准备建立健全关于退休之后的减少参与的制度；二是减少个人的参与，即缩小个人的生活社交领域，减少由自己心理需求产生的活动，继而转向以自我为中心的生活。而后者则认为，如果老年人想要有持续愉快的生活，最主要的就是让老年人保持在社会生活中的活动，继续其老年期以前的所有活动，即使退休之后，也能保持不退休的生活，从而不感到落寞①。连续性理论就是对两种观点的一种综合，既保持了其生活的习惯及其爱好的连续，也在一定程度上作出改变，承认各个老年人个体的差异性，从而最大限度满足老年人的个体需求，做到老年生活愉悦程度的最大化。

随着时代的发展，关于老年化的研究也与日俱增，基于西方古典的理论在内容要求上也作出了相应的改变与升华。而基于中国的基本国情，相关专家学者也提出了相应的看法。我国进入老龄化时代，如何面对老龄化的挑战，已经成为我国一个主要的问题。在我国，有关老年人的研究开展得相对较晚，内容不成熟。而在老年学的研究中，其最主要的内容还是由

---

① 车文博. 当代西方心理学新词典［M］. 长春：吉林人民出版社，2001.

老年化研究的三种理论演变而来（疏远理论、活动理论和连续性理论）。心理学研究表明，情绪和情感是人对客观事物是否符合自己的需要而产生的态度体验。它反映了人和需要之间的关系，主要表现在心理状态和行为的反映。人到老年，由于生理、心理以及社会生活、社会地位的变化，一般会产生消极情绪，对人的身心健康有着或多或少的影响。而连续性理论认为老化在生命周期各阶段及其变化的同时表现出连续性。人在成长的同时培养了一定的爱好和习惯，即使进入老年期，这种习惯和爱好也可以保存下来。当然，经过一生，这样的习惯爱好会由于生理心理阅历的变化而随之变化，这种变化可以认为是一种适应。疏远理论和活动理论只是从一个方面来分析老年化的各种适应，而连续性理论主张适应可以有各个方面的不同的方向，承认老年人的各自的差异性①。

第三节　连续性理论的实际应用

连续性理论关于老年人的生活方式以及个体之间关系的观点对于老年人的养老生活有着重要的意义，在实际的老年工作中发挥着不小的作用。

按照连续性理论，若一个人年老时依旧能保有中年时的性格和生活习惯，那么此人的暮年生活会是快乐美满的。美国学者理查德、利夫森和彼得森曾根据对老年人的调适情况将老年人的性格结构分为五种，每种性格各不相同。老年人若想要提高自己晚年的生活质量，便可以根据自己长久以来未曾改变的个性来安排自己的生活。例如，有些人年轻时血气方刚，喜欢打篮球，老年时虽然受限于各种因素（健康状况低下、经济拮据等）而导致自己无法亲自上场活动，但他们会通过其他的渠道（看篮球比赛等）将自己的爱好继续下去。从某种意义上说，这是人的个性对个体衰老的适应，是心灵的慰藉。据此来看，由于性格与生活习惯的不同，老年人的生活方式可以被分成若干种类型。不难发现，年轻时内向、软弱、持消极态度的人，在老年时变成社交能手的概率微乎其微；而一个热衷于钓鱼

---

①　高国武．老年人社会情感及相关因素的研究［D］．天津：天津师范大学，2000.

的年轻人，即便到了迟暮之年也难以把手里的钓竿放下，这就是"连续性"的体现。因此，根据老年人的性格与喜好，尽量完成他们的需求，有利于老年人生活幸福、颐养天年。无论是家属、社会工作者，还是在养老院里工作的护工等人员，都可以在照顾老年人时"对症下药"。

作为给老年人提供养老服务的非营利性组织，养老院应参考连续性理论对场所的基础设施，包括娱乐设施，进行适当的改造，让不同性格、不同身体状况的老年人都有机会去进行自己喜欢的活动。就像上文所说的那样，在敬老院里配备适合老年人活动的篮球场，建造池塘供老人们休闲垂钓。与此同时，相关人员也需要详细询问老年人的家属，让他们把入住老年人的性格和生活习惯加以解释说明。养老院不仅是一个简简单单解决老年人生理需求问题的地方，也是让他们的精神心理需求得到满足的地方。当然，从养老院的经济效益和老年人的身体状况考虑，想要按照连续性理论中所说的让老年人完全保持早年的生活习惯不变是不切实际的。更不用说部分贫困地区的养老院设施简陋，连让老年人休闲消遣的设备也供不应求，甚至电视机在某些地方都是紧缺的。另外，老年人的健康状况会随着年岁的增长而逐渐下降，收入水平也会因退休而有所减少。如果无视这一事实而一味强调对连续性的追求，许多老年人就可能会因无法保持其连续性而感到自尊受损，丧失对生活的信心①。从这一点来看，连续性理论的缺点显而易见。

连续性理论对社会工作服务有所启示。面向老年人服务对象的个案工作可参考该理论。例如，服务对象感觉生活失去了乐趣，不像从前那样快乐了，抑或是对现在的生活方式感到无所适从，都可以从性格与生活习惯上考虑他们面临的问题。在收集的服务对象个人资料中包括生理、心理、价值观等方面的信息，社会工作者在提供建议、忠告时也应注重这些个人因素，参考连续性理论，帮助老年人重拾晚年生活中所遗失的爱好。另外，社会工作者要优先考虑服务对象的身体情况，当服务对象的早年生活习惯或爱好已经不适合继续进行下去（无法身体力行等），提出的建议应该谨慎，在尽量符合连续性理论内容的前提下，提倡服务对象以恰当的方

---

① 江娅. 老年社会工作的理论基础［J］. 中国青年政治学院学报，1998（2）：115.

式将自己的爱好或生活习惯延续下去。然而，这里也会暴露连续性理论的其他不足。国家的政策、社会的主流文化都有可能会影响人的性格与生活习惯。同时，大量的事实证明，对生活满意度高的老年人常是那些没有拘泥于某种固定生活模式、能随社会环境的变化而不断改变其生活方式的人①。如果老年人仍然以过去的方式去生活，那么大部分老年人存在的身体疾病与体力不支问题将会无法支撑他们从事过去的活动。所以，在进行实际的社会工作时，更应该同时参考多个理论，引导服务对象学会适应生活，跟上时代的变化，不要过分拘泥于过去。

家属同样也可以参考连续性理论对老年人进行简单的心理疏导。当老人遇到心理问题去求助于社会工作者时，家属（尤其是子女）除了配合社会工作者的工作过程，也应该经常和老年人一起回忆过去的经历，唤醒老年人对过去的感慨，或许问题的根源与过去的关系不大，但有利于社会工作者更快发现服务对象的问题所在。同时，老年人在外出旅游时也会受连续性理论的影响，部分老年人热衷于在景点购买纪念品或土特产，一部分原因是售货员的言语对他们造成了错误判断，还有一部分的原因是老年人对这类怀旧或有乡土风味的物件确实抱有一种思念的感情。这种现象从侧面反映了老年人是容易受过去经历影响的。

总之，连续性理论着眼于老年人的过去，关注他们的生活，不仅在老年社会工作中是一个比较常用的理论，也可在日常生活中起一定的作用。

第四节　连续性理论的影响与评价

连续性理论是基于心理学、经济学等相关学科理论所形成的社会学理论。连续性理论综合了老年学理论中的脱离理论与活跃理论，对老年服务提供了重要的理论支持。但凡事都具有两面性，连续性理论是两种理论的综合，相比以往的理论更加复杂，适用范围也更广。随着社会发展变迁与学术演进，也显现出一些弊端。

---

① 江娅. 老年社会工作的理论基础［J］. 中国青年政治学院学报, 1998（2）: 115.

一、连续性理论对不同领域的影响

连续性理论强调个性对将来的影响，在中年时保持个性在老年时会得到一个相对美好的晚年生活。为老年人群的发展提供理论依据。将中年时的状态延续到老年，有助于老年社群的发展并使其形成独特的社群心理，继承中年时期的生活状态追求个性发展，改变老年人就应该"慢下来"的传统观念，可以根据自己的兴趣爱好发展自己。心理状态变化相比传统社会发展更加充满活力且相对稳定。以前喜欢某些事情的人，到老年时仍保持年轻时的热爱，他的心理不会因为身体机能的改变而发生很大的变化，因此能够保持一个相对愉悦的生活环境。例如，一个人喜欢参加聚会等活动，年老之后仍然保持这种热爱的心情，他的状态没有很大的变化，心情依旧愉快高兴。这能够减少对子女、亲朋、社会养老机构等外部照料者的依赖，能够帮助老年人群实现从中年到老年的更好过渡，对老年社群及其心理发展有积极的作用。

连续性理论作为脱离理论与综合理论的综合，它为老年社会工作的开展提供了理论基础。它能帮助社会工作者从不同方面分析老年群体，为相关问题的解决提供参考。在针对老年群体的相关问题研究时以连续性理论为理论基础的研究能更好地解决相关问题，从内外部连续性分析老年群体的相关心理与习惯，帮助社会工作者更好地开展工作。

二、关于连续性理论的评价

关于社会连续性理论从积极与消极两个方面进行评价。

连续性理论有助于纠正人们看到社会问题时的二元思维、极端思维或激进思维。这让我们看到对于社会的研究不是二元的，社会是一个连续变化的过程。它将社会脱离理论与社会活跃理论进行总结综合，规避了社会活跃理论里一味活跃而忽略了身体机能的变化，过分强调活跃而达到社会角色的替换等相对激进的思维。同时也避免了社会脱离理论中所强调的片面地脱离，自愿地从原本的社会环境中抽离出来。这样，片面地让原本活跃的人回归平静生活，退到二线注重对自身内心的关注。社会活跃理论与脱离理论只片面地强调了活跃与脱离，而连续性理论所强调的保持原来的生活状态，一个本身就喜欢活跃爱交际的人，要继续保持这种状态，反之不爱交往注重内心的人要继续保持安静。相比以上两者适用人群更广。相比片面地强调两点的二元论，该理论更加综合。如此，作为理论依据为老年服务提供了理论基础。

连续性理论虽然结合了脱离理论和活跃理论，规避了一些两者的缺点，但其自身也存在一定的弊端。它过度地强调个人的性格因素对未来的影响，但不同的人身体机能、收入水平、生活环境等外部环境不同，某些群体到了老年，自身的收入发生变化，身体机能水平下降，客观条件往往不足以支持其保持原本的个性，坚持个性可能会造成错误的倾向。例如，一个喜欢旅行的老人，工作时期收入水平较高且稳定，身体健康可以经常旅行。但老年时期社会再分配退休金收入较低，且年纪变化身体机能下降，不能长时间在室外活动，他仍坚持出门旅行，收入的降低不足以让他进行跟年轻时期相同频率的旅行。过分地强调个人的兴趣，个性发展往往会造成负面影响，对老年人的心理、生活状态造成破坏。再者，尽管连续性理论看到了个性在人们适应变老时所起到的重要作用，但也过分强调了连续性有可能会使得老年人产生误导。这个理论的一个缺陷就在于忽略了外部社会因素对人个性的改变以及衰老过程的影响。老年人的习惯实际上是个体与环境、历史与当下共同交织的产物，既存在着一定延续性，也在不断变化中，而环境的影响不可忽视。

▌思考与练习

1. 连续性理论是如何发展起来的？
2. 连续性理论的主要观点有哪些？
3. 结合我国实际，分析连续性理论的实际运用。
4. 分析连续性理论的局限性有哪些。

第九章

符号互动论

第一节　符号互动论的形成与发展

符号互动论是从心理学研究角度对社会进行研究的理论。这一理论认为，相互作用着的个体是社会的组成部分，我们只能从个体之间的相互作用中找到各种社会现象的解释。"符号互动论"在早期刚被布鲁默提出时影响力并不大，第二次世界大战后才得到了广泛的传播。

"符号互动论"的概念直到 1937 年才正式由布鲁默提出。符号互动论的诞生受益于两个不同领域的学者：一个是美国经济实用功能主义教育领域的哲学家，另一个是美国芝加哥学派的学者。当然，就其理论起源而言，它还可以追溯到 18 世纪一些英国哲学家的思想。

在苏格兰伦理学家中，以亚当·斯密、亚当·弗格森和大卫·休谟等为代表。他们认为有必要研究现实生活，研讨日常学习生活的经验并从中吸取教训。他们认为，有用的知识只能通过经验获得，他们对人类活动的兴趣远远超过单纯的知识。他们强调人类精神的有机特征，相信精神是自然的目标，而思想是适应的特殊工具。这成为符号互动理论的一部分。

在这些苏格兰学者中的重要代表之一是被称为"现代经济学之父"的亚当·斯密。他在研究人们互动影响时曾阐述了与符号互动论中"镜中我"理论极其相似的思想。他认为在社会中的每个人都有自己渴望的一面镜子，人们可以通过别人的眼看到这一面镜子，从而检查自己的行为举止是否得体。与斯密观点相近的另一位苏格兰伦理学家是大卫·休谟，他与斯密都认为他人对自己的评价与看法多多少少都会影响自己的判断。斯密与休谟的另一个共同之处是他们都强调同情的重要性，认为同情是人类的特性，也是与他人进行交往互动过程中所必要的。亚当·弗格森，作为 18 世纪苏格兰启蒙运动的主要思想家，他也阐述了符号互动论的一些萌芽思想。他对于人的习惯与本能以及人与人之间的有机联系的研究对后来威廉·詹姆斯等人的思想有较大的影响。他认为人类是具有革新能力的，人们的行为在与他人的互动发展联系中逐渐开始形成良好习惯，每个人也有其独特的本能，人们会依据自己的本能与习惯做事，同时他认为如果能将本能与习惯分开，那么事实会证明习惯在人类行为中发挥的作用大于本能。

美国实用主义哲学家威廉·詹姆斯在研究自我的课题中，提出了"社会我"的思想。他认为，自我就是"一个人可以用来称呼他自己的一切之总合"①。他将自我分成四种类型："物质自我""精神自我""社会我""纯粹的我"（"抽象的我"）。"物质自我"指的是个人的身体、财产和家庭等；"精神自我"是自我的心理倾向、能力以及意识状态；"社会我"是个人所处的环境的集合。在不同的社会发展环境中，个人在家庭、学校、公司、社区等扮演着一个不同的社会我。"纯粹的我"也可称之为"能动我"或"主动我"，是一个知晓一切的东西。詹姆斯·马克·鲍德温是符号互动论先锋队伍中不为人们所熟悉的一员，主要研究儿童的自我发展，他认为这个发展过程由 3 个阶段构成，包括：投射阶段、主观阶段和射出阶段。他对于儿童自我发展的研究对后来的符号互动论的形成奠定了一定的基础。约翰·杜威是美国著名的实用主义哲学的代表人物之一，他的社会互动论中主要有两个方面与符号互动理论有关：第一，杜威不同意将社会视为单一的整体结构的观点；第二，杜威强调日常生活是社会科学和哲学的研究主题。

直到 19 世纪末 20 世纪初，早期的符号互动论逐渐形成并发展起来，其中较为重要的一个人物便是美国社会学家查尔斯·霍顿·库利，他对于符号互动论最为重要的贡献就是他结合了斯密、詹姆斯、杜威等人的思想，提出了"镜中我"的理论概念，库利的"镜中我"概念研究主要包含 3 个发展过程：首先是我们所感觉到我们在他人眼中的形象，这是感觉阶段；其次是我们在脑中想象别人对我们形象的评价，这是解释或定义阶段；最后是基于他人的评价，心中有了自我感觉和自我评价，这是自我反应阶段。库利在《人类本性与社会秩序》这本书中提到："我们的生活总是在自己想象，而在进行想象中我们得到了很多其他人心目中对我们的评价、判断。"② 库利的"镜中我"思想为符号互动论的形成发展提供了较为系统的理论体系。

早期符号互动论另一个代表人物是美国社会学家威廉·艾萨克·托马

---

① 威廉·詹姆斯. 心理学原理 [M]. 唐钺，译. 北京：北京大学出版社，2010.

② 查尔斯·霍顿·库利. 人类本性与社会秩序 [M]. 北京：华夏出版社，1999：152-153.

斯，他与库利都深受 20 世纪初盛行的实用主义思想的影响。托马斯的情景
定义思想和情景分析思想为符号互动论提供了基本原理。托马斯认为社会
学的目的是分析人们的行为，解释个人与他人，以及不同群体之间在相互
联系时的行为举动。托马斯还着重强调了主观因素的作用，这对后来布鲁
默总结的符号互动论具有很大的影响，他认为所有情景中都包含着一些主
观因素，但他并不否定客观因素对情景的影响。

另外早期符号互动论最为重要的代表人物就是布鲁默的老师米德。米
德结合前面众多社会学家的观点，总结出了具有比较完整、系统的理论知
识体系的符号社会互动论。对于"自我"的研究和儿童自我的形成发展过
程的研究，他结合詹姆斯"自我"的理论，提出了"主体我"与"客体
我"，"主体我"指本来的我、纯洁的我、与世隔绝的我，"客体我"则指
社会化后形成的具有社会属性的我。对于儿童的发展过程，他将此方法分
为"嬉戏阶段"和"群体进行游戏发展阶段"。相较于之前两位早期符号
互动论的代表人物，米德更加强调客观因素的影响，这对于符号互动论根
本缺陷有一定的弥补作用。

第二节 符号互动论的人物观点

符号互动论是从心理学研究角度对社会进行研讨的理论。这一理论认
为，相互作用着的个体是社会的组成部分，我们只能从个体之间的相互作
用中找到各种社会现象的解释。"镜中我"理论、"情境定义以及情境分
析"理论、"符号互动"理论、"人际互动"理论、"标签"理论等为其基
本思想。它侧重于人的个人因素以及社会环境的观察和研究。该理论修正
了社会心理学行为主义下的"刺激—反应"互动模式，并且对社会提出了
一些独到的见解。它认为人与人之间的互动不仅仅是人与人之间的互动，
而是在对另一个人的行为作出某些解释和具体定义之后，充分理解对方的
反应后再作出自己的反应，从而进行互动。该理论试图解释两方面的内
容：一是人们如何理解、定义他们所处的环境并且对其作出适当的反应，
即人类如何创造并利用符号；二是人与人之间的互动对社会结构的形成与
变化会产生各种影响。

一、詹姆斯对习惯、自我与社会我的研究

威廉·詹姆斯在哲学与心理学方面颇有建树。从哲学的角度来看，他主张存在是被感知的，世界是由"纯粹的经验"组成的，而概念只是人们为了成功行动而使用的"操作假设"。他以其唯心史观和实用主义而广为人知。从心理学的角度来看，他主张意识的机能和功效是心理学研究的对象。正是他在这一领域的钻研为符号互动论分析奠定了理论基础。

二、鲍德温的自我发展三阶段论

詹姆斯的自我观点是鲍德温理论的基础，但鲍德温对其"自我"观点的部分内容进行了修改。他强调，作为一个整体，"自我"是社会的产物和固有的。他主张自我与别人彼此作用后的产物是人格。他认为投射阶段、自主阶段和发射阶段是儿童自我发展的三个阶段。

三、杜威的社会互动思想

约翰·杜威主张精神是确定大脑中的客观事物的过程，是一种思想的过程。他强调了"互动"在解释人类行为方面的重要性，即利用思维概念作为一种工具，使人类调整自己以适应环境。与此同时，他强调社会是由无数合作团体组成的，而不仅仅是一个单一组织的结构。除此之外，他还主张要想证实一种社会科学的正确与否，就必须要将它运用到解决实际问题的活动中，要看它解决实际问题的功效。这种注重社会经济生活和日常互动的倾向是符号互动理论的一个重要发展特征。

四、布鲁默符号互动论

布鲁默将"符号互动论"作为其理论的名称。布鲁默并不是简单地整理了符号互动论，而是作出了许多有创见的论证。从符号互动论的角度看社会，他认为符号活动是人类社会的最典型特征，人际间符号运动的结果

是社会。人类社会的互动并不是相互之间行为的简单反应，他认为，人类总是根据自己对行为的解释和定义相互互动。在符号互动论与功能主义理论的区别上，他指出，功能主义倾向于将人类行为视为社会组织结构不可避免的必然结果，因此人的行为与行为者无关；符号互动理论认为行为人自己可以控制自己的行为。总体上，布鲁默的理论有三个基本点。第一，人类对某一客体采取的行动取决于他们赋予它的意义；第二，他人会对人们的态度产生影响，从而影响人们赋予事物的意义；第三，事物会在不同的解释过程中被修正成不同的意义。

五、戈夫曼对人际互动的研究

戈夫曼侧重于研究社会机构内和社会机构以外这两种场所的互动。他以一种更为细致、崭新的视角去研讨人际互动。为了在第一个场所的互动即社会机构内部的互动留下一个良好的印象，人们运用"印象管理"理论进行自我表演以使自己的行动成功。"相遇"，即社会机构以外的互动。这是戈夫曼着重研究的另一场所的互动。它与机构内部互动不同的是，这些机构之外的互动是不确定和临时性的。戈夫曼在对这种场所的互动研究中总结提出了"角色距离"的概念。

六、标签理论

标签理论从符号互动论的角度研讨越轨行为。这一理论认为越轨是社会互动的结果，也就是说，某种社会现象之所以成为问题，是因为社会将其定性为社会问题。因此，标签理论认为，在研讨越轨行为时，社会如何对待它们以及如何评价它们是极为重要的。它启示我们，首先要恰当地划分社会问题的界限，我们才能正确评估和处理具体的社会问题。

第三节　符号互动论的实际应用

一、从符号互动论的角度分析老年人现状

随着我国人口老龄化进程，老龄人口在总人口中的占比不断提升，这意味着社会中会出现大量的老年群体。对于老年人的关怀与尊重能够体现出一个社会的文明与进步，也是我国的一项国策。因此，对于老年群体的安置问题就显得尤为重要。在解决这个问题的具体过程中，符号互动论为我们提供了许多具体可行的方法论。

老年人在当今社会中面临着许许多多的现实问题。当今社会中有一部分人的思想比较陈旧，对老年人有"体弱多病、依赖人、需要照顾、形象不整"等负面印象。虽然老年群体的真实情况并不是这部分人所想象的，但是老年人长期生活在这种环境中，依据库利的"镜中我"理论，老年人就会认为自己"无能、落后、拖累社会进步发展"，进而不由自主地减少与社会的交流。这是我们极其不愿意看到的。

不仅如此，老年人在其家庭中也面对许多问题。当前也有一部分子女认为对待老人只需要照顾好衣食住行等物质生活，这种思想在某种程度上忽视了老年人的精神生活。尤其是一些不善言辞的老年人，一天中几乎与其他人没有交流。而老年人脱离现代社会的现况，又增加了老年人融入社会的难度。

由此可见，社会和家庭环境对老年人的影响至关重要。他们通过有限的社会互动来定义自己的形象、价值。因此，如果老年人们能够进行一些积极的互动，他们就会产生积极的自我认知，对自己充满信心，甚至感觉宝刀未老可以继续发挥余热。所以，我们要思考如何为老年人们提供一个良好的社会环境鼓励他们积极参与社会生活，进而拥有一个乐观向上的老年生活，实现人生价值。

我们目前还有许多问题需要解决。如何推动引导一些受影响的老年人主动投入社会参与，如何改变社会对老年人的固有偏见以及老年人自己对

自己的不正确认识，如何合理地利用符号互动论的方法促进老年人进行社会参与等，这都是我们需要解决的问题。

二、符号互动论对老年服务的启示

符号互动论认为，人与人之间的相互作用是通过符号来解释或界定行为的含义。符号是由人所定义的。互动对人的发展起到了极其重要的作用。不仅如此，符号定义是在人际互动中完成的，符号的意义是不固定的，它会根据各种客观条件而改变。例如，我国唐代大众普遍以胖为美，而当代社会人们则为了变美而努力减肥。由此可见，社会中某些公众对老年人的错误看法也是可以改变的。

标签理论是符号互动论的一个重要理论。它从象征性互动的角度来看待社会问题和越轨行为。所谓的社会问题和越轨行为是主观的，也就是说，某种社会现象被称为问题，因为社会将其定性为问题。有一部分老年人之所以不愿意，甚至是畏惧社会参与，在很大程度上是因为有些社会公众认为老年人就应该待在家注意安全，不应该踏出家门，融入社会。因此，为老年人撕去这样的标签也是极其重要的。不仅如此，我们也要注意防止老年人被贴上标签。推动老年群体与年轻群体的社会地位平等，以此鼓励老年人进行社会参与。

共同行为概念为符号互动论中的一个重要的概念。它指的是两人或两人以上的共同行为。我们可以从两方面来分析：老龄群体和年轻群体。从老年群体的角度来看，老年人应该积极主动地参与一些老年社区、老年体育文化节之类的专注于老龄化群体的活动。从年轻群体来看，我们必须共同努力创造一种尊重老年人的社会文化，支持老年人参与社会活动，实现人生价值。这需要社会中的每个人努力。因为人们的共同行动是一些参与者的独立行动相互作用的结果。因此，我们不能够忽略这样一个事实：个人对社会也有一定的影响，想要建立一个尊重老年人的社会环境，需要我们每个人的参与。

互动也是符号互动论中的一个重要概念。人们之间的交往是双向的、灵活的。因此。我们在对老龄群体进行服务时，还需要重视其反馈意见。以此来促进我们的服务更能够满足老龄群体的需求。例如，倾听老年人就医、出行、融入网络社会的问题等。

第四节　符号互动论的影响与评价

符号互动理论对于老年人来说，会使老年人以他人对自己的态度评价来思考自身的价值。譬如，如果整个社会都以歧视的态度去对待老年人，那么老年人的自我认知势必会因此受到影响。假如一个老人在日常生活中听见过的广播、看见过的报纸电视、出门或购物时所目睹或看到过的任何东西，均把老年人描绘成是昏庸、老朽、无用的，那么由于这种负面信息的长期堆积，自然也就会对这个老年人的所谓自身的价值观取向形成一种否定性的错误认知，使得他会觉得他自身不仅没有工作能力，而且对家庭生活乃至整个社会生活皆是一种负担，进而会使他自身也与整个社会生活形成隔阂感。

我国提出了实施积极应对人口老龄化国家战略，把积极老龄观、健康老龄化理念融入经济社会发展全过程。在国家战略的层面为老年人营造良好的社会环境，让老年人感受到国家与社会给予他们的关爱，从而对老年人的认知与自我概念的形成产生健康的影响。让其感受到自己还有能力，是社会的一分子，使他们与社会产生融入感。

符号互动理论延伸出的社会损害论和社会重建理论，对于老年工作的进行有借鉴意义。在社会损害理论中，他人将老年人通常的情绪反应视为疾病的先兆而作出过分的反应，从而对老年人的自我认同产生不利影响。受到消极标志影响的老年人随后会逐渐走向一种消极与过度依赖的社会地位，丧失了最初应有的人格独立力量，从而对高龄老人子女的精神身心健康发展造成危害。这一学说对高龄老人及其家属和社会工作者都有着很重要的思想启迪意义。社会重建理论的目的是改变老年人生存的客观环境，帮助他们重建自信。这一理论与符号互动理论颇有相似之处，都是通过改变社会环境来营造良好的生活环境。社会重建理论分为三个阶段，第一阶段更加注重于纠正老年人的生活观念以及错误观念；第二阶段则是通过政府的帮助解决老年人的生存问题；第三阶段是提高老年人的独立自主能力。

从理论层面来说，符号互动理论为政策策略提供了理论支持，对社会的养老观念改进起到一定的推动作用。对于老年人的生存与发展起到了积极作用，既有社会物质层面的帮助，也有家庭子女观念的改进，应当继续发展符号互动理论的积极作用。

当然任何理论都存在不足，中国的传统文化主张"孝文化"以及"尊老爱幼"，所以在当代中国社会中，老年人的地位比较高。因此，在社会生活中有些许老年人形成了"以老为大"的观念，凭自己的年龄提出不合理的要求，甚至倚老卖老。例如，公交车上强行占孕妇的位置，要求让座未果并扇人耳光。这是老年人形成错误的观念与自我认知的重要体现。老年人因自身对社会观念的错误认知，对自身道德形成了错误的观念，从而做出了错误的行为，这一系列的连锁反应，以小见大，表现出来现代社会老年人观念的偏差，应予以重视。

在互联网发达的时代，任何事都会被无限放大，对于老年人生存环境的关注也越发热烈。支付宝、微信支付等高科技智能技术的发展与社会融合的加速，在带给社会许多便利的同时，也给老年人带来诸多的不便。老年人的技能跟不上社会发展的进程，容易对老年人的心理产生不良的影响，与社会产生排异，从而不利于老年人的发展，老年人会认为自己已经被社会淘汰，慢慢地产生心理问题甚至健康问题。当然，互联网的虚拟环境下的互动不同于线下，也会发生一些变化，这些还有待于超越传统的互动论。

▌思考与练习

1. 试述符号互动论的理论背景。
2. 简述符号互动论的主要代表人物及观点。
3. 试分析符号互动论与老年人现状的关联性。
4. 请对符号互动论作出评价。

第十章

角色理论

第一节 角色理论的形成与发展 ■

角色理论来源于"角色"一词,"角色"原本是古代戏剧中的一个词,20世纪二三十年代一些学者将其引入社会学中,后来发展成社会学的一个基本理论。

1935年,米德将角色这个词第一次引入了社会学领域研究中,他认为个体自身的身心发展过程和人类社会发展的有机互动关系都要求人们去努力扮演一个关注别人生活的角色,让人们将注意力聚焦到角色归属的重要性层面上,用来说明儿童在与个体及与其他个体成员之间的日常交往行为中,存在某些可以提前预见的心理行为模式。另外他还探究了儿童角色意识的发展形成过程,想象由扮演的某一个特定阶段发展演化为逐步成熟地承担某个角色。他始终认为角色形象是人类在长期互动演变的进化过程中自发形成的,每个角色之间的交互表演并没有一个具体的剧本,大部分传统文化知识只能为该角色的扮演者提供一个大致的认知范围。但显然米德没有很明确具体地给某个角色形象下定义,"他把它当作无定形的和很不确切的概念来使用"①。这样,只是作为比喻来说明人们总是在一些相似的情况下才能表现出较为相似的行为特征的现象。

角色理论体系的形成发展还有另一位作出很大理论贡献的美国人类学家,他就是林顿(Linton),有人甚至由此认为现代角色理论最早是基于林顿创建起来的人类学模型。他在1936年著的《人的研究》一书中描述了社会角色地位与社会地位间的对应关系,指出,"地位是权利与义务的一种直接的集会",而个人角色地位则为"体现着地位的动态方面"。他又认为,每一个个体按照他本人在该社会角色中扮演的社会地位在实现它赋予的所有权利能力和责任义务时,他本身同样也应该扮演起自己相应地位的社会角色。

雅各布·莫雷诺(Jacob Levy Moreno)也为角色理论研究的早期发展

① 安德列耶娃.西方现代社会心理学 [M].李翼鹏,译.北京:人民教育出版社,1987:167.

而作出了很大贡献，他主要的著作有《谁将生存》等。雅各布·莫雷诺受到米德角色扮演理论概念的启发，是美国最早独立发展角色扮演游戏理论的心理学家之一。米德主张社会组织是指由一般化的他人组织所共同支配着的个人协作组织活动，莫雷诺则只是把这种社会组织网络看成一种限制行为和引导个人行为活动的角色网络。

此后，戏剧理论体系极大地推动了西方戏剧角色理论思想研究发展，该体系是著名社会学家欧文·戈夫曼（Erving Goffman）等所创建出的。他坚持认为借助对各种戏剧符号之间的相互类比性研究结果来深入全面分析研究日常生活，是另一种从西方戏剧符号互动论基础体系中进一步深入发展变化而来的，说明了在当代人类日常生活社会中存在的一种人与人之间的符号。他还试图把人类社会生活中的人物比作充满了各种戏剧表演手段的戏剧舞台，把在社会日常生活中出现的人物以及人们自己都比作戏剧舞台的戏剧演员，以此来解释当代人们的社会日常生活。欧文·戈夫曼在《日常生活中的自我呈现》开创的"拟剧分析"理论不但突破了社会互动分析的旧有模式，而且丰富了社会心理学和微观社会学的发展。[1] 后来，"角色"这一概念在其演变中被用来分析社会结构，因此被称为"社会角色"。

在20世纪中叶，特纳（Jonathan H. Turner）试图在以往角色讨论的基础上，对角色理论进行系统化，从而克服一些理论难题。他对早期角色理论的批评包括：对社会的看法是结构泛化的，只关注了失范的社会过程，缺乏系统的理论解释，对角色领会概念没有给予应有的重视。[2] 他认为个体不会被动地成为或接受这个社会规定的角色，而是会主动地形成角色。

第二节　角色理论的人物观点

角色理论的概念演化、发展和完善来源于多方面，相关研究者为"角

---

① 李培林，谢立中. 社会学名著导读 [M]. 北京：学习出版社，2012.
② 乔纳森·H. 特纳. 社会学理论的结构 [M]. 邱泽奇，译. 北京：华夏出版社，2001.

色理论"作出了杰出奉献。本节将介绍两个尤为重要的角色理论：结构角色理论、过程角色理论。

一、结构角色理论

结构角色理论的目的是研究角色在社会结构中的地位，角色的行为规范、角色主体在面对某些事情时所作出的抵触心理、整个社会对角色的希望以及角色与社会中的种种关系等内容，形成有关角色的体系。这里着重介绍米德、帕克、莫雷诺、戈夫曼等人的观点。

（一）乔治·赫伯特·米德的角色理论

米德，社会心理学家、社会学及哲学家，他对角色理论起着重大的奠基作用。

关于角色理论，米德主要有三个观点：

1. "自我意识"与角色

米德认为，象征符号在"自我"这一来源于社会的过程中起着重要作用，人们在学习手势、表情等符号时来了解和掌握到他人所扮演的角色，取得相应反响，把本身当作客体来迸发自我。

2. 社会互动与角色扮演

米德认为角色扮演促使人与人之间的互动能够正常有序进行，因为人们可以懂得别人的话语，所以人们可以进行一系列的交流与互动。

3. 角色是社会和个人的联结点

米德的哲学带有明显的社会学和心理学印记，为了说明社会与个体的关系，他从自我结构和社会结构两个方面进行了阐述。

（二）罗伯特·帕克的角色理论

帕克，社会学家，率先使用角色理论这一基本概念来扩充米德的学术思想。每个人每时每刻都在自觉或不自觉地扮演着角色。在扮演了多种多样的角色后人们认识到了自我，它与社会结构的地位相关，也与自身所扮演的不同的角色有着密切的关系。由于每个人从出生开始所处的生存环境就不一样，所以他们会产生不一样的自我认知与概念，即从出生开始到成长的阶段社会所给予每个人的认识就是不一样的。但由于社会中存在着许多普遍的认识和地位，就会赋予某个人或某些人一些特定的认知与特征，使个体具有了社会性，但并非法律所赋予的某些地位。

（三）雅各布·莫雷诺的角色理论

莫雷诺，心理学家。他受米德启发，发展了角色扮演。在早期作品中，他区分了不同的角色类型：身心角色、心理角色、社会角色。

莫雷诺的创造心理疗法可以使患者情感得到释放，而达到治疗成果，他认为完整的心理剧包括五个基本要素，分别为主角、配角、导演、舞台以及观众。莫雷诺认为心理剧角色扮演这一理论核心是角色互换，指主角与舞台其他人互换角色。通过互换角色，主角可以冲破束缚，进而充分地表达出他们对社会的种种真实的理解与看法。

（四）欧文·戈夫曼的角色理论

戈夫曼，社会学家，倡导拟剧论。他提出了"印象整饰"理论，剖析总结了人们在使自我的概念取得社会成果的进程中所利用的策略，以及在社会关系中面对的基本问题管制他们给予别人的印象。戈夫曼把人与人之间的种种互动比作在剧院中角色通过剧本来进行各种各样的表演，他们的各种各样的表演可能会得到在场观众的认可，从而可以根据观众的反应来调整本人的行为。由于它像个剧院，所以又称为"拟剧理论"。角色在演出时有"前台"和"后台"关系，"后台"可以松弛、休息，但"前台"必须符合自己的身份。[①]戈夫曼认为表演时分两种人：犬儒主义者和完全真诚者，前者是仅仅做给别人看，后者已进入角色，真心实意地在表演。但从外表是看不出来表演者是不是忠于内心的，因为高超的演技往往能骗过观众的双眼，使观众也无法辨别表演者是不是发自内心的行为。那些所谓的用来规范社会的种种条例在戈夫曼看来是不太被人们重视的，因为人们已经对这些规范条例习以为常，而人们的行为是与社会息息相关的，这需要人们去不断地进行自我的剖析与思考。

---

① 安德列耶娃．西方现代社会心理学［M］．李翼鹏，译．北京：人民教育出版社，1987：177.

二、过程角色理论

过程角色理论以社会中的互动关系为出发点，围绕互动中角色扮演过程开展对人们扮演的角色、所呈现角色之间的冲突、对不同角色的期望与在扮演不同的角色时由于各种不确定因素而产生的紧张等问题进行研究，并经过许多人一起努力形成了自己的理论体系。

（一）赫伯特·布鲁默的角色理论

布鲁默，社会学家，他提出了"象征相互作用论"，强调象征符号在人们的交往与生活中有着重要意义，他认为社会的互动是个人在与他人或群体交往时不断产生与发展的，在这种人与人或人与群体的互动中，个人的行为是可以不断产生、变化和形成的。

（二）拉尔夫·特纳的角色理论

特纳数十年来一直不是非常认可结构角色理论，其中对这一理论的分析与质疑点主要有以下几个方面：结构角色理论一直在强调着规范与地位这些空泛而不具体的概念问题，因此它对人类社会的看法总是泛泛而谈，缺乏真实明白的观点；结构角色理论过多地关注一些社会上的失范性的问题，而忽视了人类社会互动中主要的常态化的方面；结构角色理论并不像其他理论那样非常严谨，它在本质上是一系列的前后相连性极差的命题；结构角色理论的思想核心并不是米德的角色扮演理论，只是运用并拓展了米德的角色扮演。[①]

第三节　角色理论的实际应用

角色理论在 20 世纪二三十年代被一些学者引入社会学，并逐渐成为社会学的基本理论之一。在社会学研究的原则中，理论联系实际是最根本的。我们研究角色理论，就是为了让这个理论更好地应用于生活、服务于

---

① 乔纳森·H. 特纳. 社会学理论的结构 [M]. 吴曲辉，等译. 杭州：浙江人民出版社，1987：449-456.

生活。如今，角色理论在社会的各个领域都发挥着或大或小的作用，在老年工作中更是占据着重要的地位。

角色扮演是角色理论的一个中心概念和重要内容，每个人在社会中都有自己的定位，要承担各种各样的角色，但这并不是说人们要故意装模作样地做事情。我们必须要学会角色扮演来成为一名合格的社会公民。

老年人要先明确自己的定位。老年人经过了婴儿期、少年期、青年期和成年期等社会化的阶段进入了老年期，身体不再像从前那般健康，不再活力四射，疾病的发生变得越来越频繁。老年人经历了人生的大半辈子，看过了多少世态炎凉和酸甜苦辣，用长辈们的话来讲，就是"我吃过的盐比你吃过的饭还多"，心态上也发生了巨大的变化。老年人需要清楚地认识到自己已经是"老人"了，在行动之前需要衡量自己的能力。例如，有的老人出门买菜，却不想买的菜太多太沉，再加上炎热的天气，体力不支晕倒了，所幸及时被送往医院。诸如此类的事件一直以来都时有发生，老年人应该找准自己的角色定位，进行角色学习，用俗话说，就是要"服老"。社会工作者需要为老年人普及角色理论的相关知识，为老年人的身体健康和心理健康出自己的一份力。

社会工作者在实际工作中也要运用好角色扮演的相关知识，在助人过程中充任某些角色，让老年人得到更好的服务，让治疗有更好的效果。不同的老人有不同的生活背景、不同的性格和不同的需求，所以在介入过程中需要扮演不同的角色。比如，一位性格外向但子女不在身边，又没有孙子孙女要照顾的老人找到社工，社工要扮演一位倾听者的角色，倾听这位孤独的老人诉说生活中的琐事与情感，并运用倾听等技巧耐心地对待他。而对于一位患有抑郁症的老人，社工需要扮演一位治疗者的角色，运用同理心等专业知识和技巧帮助老人宣泄郁闷的情绪，减轻痛苦。

成功的老年生活在很大程度上取决于老年人的角色转换。彼得·L.伯杰说：生活在现代社会意味着生活在一个万花筒的中心，角色随时在变。[①]对于老年人来说，人生的一个最大变化就是退休。有些老年人在工作时就

① 米尔斯，帕森斯.社会学与社会组织［M］.何维凌，黄晓京，译.杭州：浙江人民出版社，1986.

巴不得早点退休，而有些老年人却不适应退休后无所事事的生活。这就导致了有些老年人能够找到新的角色，比如退休后加入表演队跳广场舞，进入老年大学继续学习，等等。而有些老年人却无法承担角色的转变，比如退休的局长仍然保持干部做派，插手之前的工作等。对于此种情况，社工需要让老年人们融入社会化的生活，需要积极合理地运用相关知识帮助那些对于角色转变有困难的老年人顺利完成角色转变。而社工也需要尽快从上一个个案中所扮演的角色脱离出来，转变自己在个案中的角色，帮助当前的服务对象走出困境。

老年人经常会面临角色冲突的困境。角色冲突就是个体在角色扮演过程中其角色内部、角色之间所发生的矛盾和冲突。[①] 老年人在离退休后的角色冲突尤为明显，社会工作者要帮有需要的老年人做好心理辅导，使他们更快地适应新的角色规范。角色冲突是任何人都会遇到的问题，需要为老年人作出正确引导，使他们正视自己的问题，做好调整和适应。

老年人已经成为一个重要群体。在如今的社会生活中，老年人在家庭中往往扮演着重要的角色。自古以来，"孝"都是中华民族的传统美德。"父母呼，应勿缓；父母命，行勿懒。"[②] 这样的美德一直被人们传颂至今。但一些年轻人没有认清自己的角色，使老年人在家庭和社会中被冷落甚至被虐待。社会工作者应该用角色理论让年轻人懂得树立良好的角色形象，让全社会尊老爱老敬老。

第四节　角色理论的影响与评价

随着社会的发展，关于角色理论的研究范围是相当广泛而复杂的，人们的社会分工日益专门化，价值取向日益多元化，社会位置日益多样化，社会角色理论的影响众说纷纭。

通过个体的社会角色，我们可以对个体拥有的权利和承担的义务有着

---

① 奚从清．角色论：个人与社会的互动［M］．杭州：浙江大学出版社，2010：130.

② 刘青文．弟子规［M］．北京：北京教育出版社，2015.

清醒的认识，而这也成为我们对其社会角色履行程度的衡量和评价标准。例如，作为党政人员，其主要的社会角色是为人民服务，解决人们和社会关心的问题。通过拥有的社会角色作出相应的评价。除此之外，每个人也可以通过社会角色进行自我评价，以监督、督促自己的行为。社会科学中对于角色理论的概念是经过多门社会科学的共同参与而发展的结果。

角色理论是老年领域广泛使用的理论，它具有一定的解释力。老年人的角色是个体与社会互动中建构的，这一建构具有历史性，也使得角色理论的解释力发生着变迁。当代社会，老年人并非一个完全同质性的群体，而更多是从年龄角度划分，基于年龄赋予特定群体的角色是粗糙的、片面的。例如，老年群体中低龄老年人和高龄老年人的角色存在差异，而统一使用"老年人角色"则遮蔽了内在的分殊。因此，角色理论缺乏精准的分析。同时，中华文化对于老年人的角色还有着多重界定尚未被重视。例如，老年人既有作为爷爷奶奶的角色，也有作为姑奶奶、姑爷爷、大爷、大娘等角色，后者的角色尚未在西方角色理论中展现出来，而这些实际上是影响老年人行为、为老年人服务的重要内容。总之，角色理论具有重要的理论价值，也依然值得继续拓展。

┃思考与练习

　　1. 如何理解角色理论？

　　2. 简述角色理论的主要内容。

　　3. 试用角色理论分析我国老年人的现状。

　　4. 论述角色理论的影响与评价。

第十一章

社会交换理论

第一节　社会交换理论的形成与发展

　　古典政治经济学中的交换思想、人类学中的交换思想、行为心理学都构成社会交换理论产生的思想根源，认为在古典政治经济学中的交换思想，经济学和社会学一样都研究通过相互行为而实现欲望满足的问题。亚当·斯密举过用鹿换河狸的例子，他认为人的欲望的满足主要通过追求最大利益的满足，互通有无，相互交换的倾向是人们的"自发倾向"，是人的永恒不变的本性驱使的。所利用和修正的古典经济学的主要假设有：每个人都是最大利益的追求者；个人所拥有的某类资源越多，那么这个人对这种资源需要便越小；物质市场上的价格受供求关系影响；垄断、独占下的物质价格，必然高于自由竞争下的价格。交换理论在研究过程中，将人与人之间的互动行为看作是一种计算得失的理性行为，认为人类一切行为互动都是为了追求最大利益的满足。初民社会中，现代的市场竞争是不存在的，商业贸易主要以一种实物交换的方式进行，这种互惠方式是初民社会整合的基础。

　　大卫·李嘉图在当时经济学研究环境的影响下，对古典经济学产生了更多新奇的思考，并提出部分针对社会活动的假定想法，为社会交换理论提供思路，但这一假设后期被社会交换理论吸收并改造。最后，美国行为主义心理学家斯金纳在大量动物实验的基础上，根据研究数据所表明的相对独立的个体在特定环境下会对获得的奖酬或惩处进行思考和选择，相对独立的个体会对以往与当下所获得的奖酬进行对比，通过对比结果，选择提高获得奖酬较高的活动等观点，大部分印证了社会交换理论的基本理论，为社会交换理论提供了具体实验数据支撑。

　　弗雷泽的交换思想、马林诺夫斯基的交换心理学说、列维-斯特劳斯的结构主义、莫斯交换理论中的结构主义都对交换理论有影响。列维-斯特劳斯还把交换分为限制性交换和普遍性交换，前者设计两人关系，后者是在三人或更大团体间进行的交换。限制性交换是根据对等原则，是社会结构的一部分。普遍性交换是针对一个网络系统，或是一个结构系统，其需要成员间相互信任。这一点在原始人的婚姻中表现得最为明显。如亲族婚姻是一种联盟系统。在这个交换中，妻子是最珍贵的礼物，所以，妻子是最有效的交换礼物，以便保证社会及联盟的整合。在行为主义心理学中，把人脑视为一个黑箱，这种观点认为，人的意识是无法直接观察到的，它不能作为心理学的研究对象，这种强调个人的行为是由外部决定的，并随环境变化而变化，相信通过对动物行为的观察可以推断和解释人类行为的思想，对社会交换理论产生了最深刻的影响。

社会交换理论作为美国当代社会学理论的主要流派之一，其代表人物有霍曼斯和布劳，此外艾默森和怀特海等人也对该理论的发展作出一定贡献。霍曼斯作为社会交换论的创始人，受工业社会心理学家梅奥和行为主义心理学家斯金纳的影响最大。霍曼斯的社会交换理论与功能学派的观点因不同而产生辩论，注重社会交换理论宏观到微观的转变，主要的重点在权力、过程、原则、条件等方面。功能学派的主导地位将一大批专家学者都吸引到这一研究行列，主要研究个人动机。社会交换理论思想主要来源于古典政治经济学、行为心理学和人类学三方面。最初，社会学家齐美尔创立新的形式研究，即小群体的新的研究方式，也非常重视社会交换论的研究和拓展。他认为人类在团体活动中追求个人利益的满足，人与人之间的社会活动使人类从中获益，即后来布劳所谓的"互惠规范"的概念。

第二节　社会交换理论的人物观点

社会交换理论作为解释人类社会行为活动的经典基础理论，其核心观点为人类行为是利己心驱动的互惠交换行为，在此观点上助推了以主要研究个人以及贴近个人的周围社会环境为聚焦点的微观社会学的丰富和发展。换而言之，人类行为作为绝大部分微观社会学专家的研究基础，使得社会交换理论在不同程度上得到反复的检验与推论。人类社会在原生态的生存法则框架下，通过生产、交换等社会交往，满足对生命的基本需求，就此形成社会生活。社会交换理论的核心要义在于在合乎情理的条件下，实现人类行为获取利益的最大化。社会生活充斥着各种各样的选择，当某一相对独立的个体企图通过自身努力实现且较为充分地实现自身价值时，势必需要依托周围环境为其提供相对丰富的人脉资源与物质资源，这需要人类在其生存的环境中作出必要的主观选择。同时，人类之间的相互交换与频繁互动表现明确，更加突出强调了"代价"与"报酬"在人与人之间互动的重要性。

美国社会学家霍曼斯发表论文《社会行为是一种交换》，提出相关交换理论的观点，随后他发表多篇研究性论文，在当时学术界产生了不同凡响的影响。霍曼斯在经济交易理论和行为主义心理学原则的基础上，认为社会学的研究对象应当是最明确的社会事实：人类行为，强调人们所处的环境必然带来物质的或非物质的交换，人与人交换行为的最后目的是为了获取更利于自己发展或相对较高的奖励、报酬，社会环境推动任何活动的个体都渴望获取与其付出的成本或代价成正比的奖酬利润。由此他将社会交换理论概括为六个命题：（1）成功命题：在个体所完成的所有行为中，若其中某一特定行动经常达到其期待值，那么个体对该行动的重复频率将有所提高。（2）刺激命题：个体在过去刺激中获得的结果与所期待结果相符，当其处于某种环境下，类似刺激再次发生，个体最大可能做出与其相类似的行为。（3）价值命题：对于个体活动所产生的意义越深刻，其进行重复行为的可能越突出。（4）剥夺—满足命题：强调吸引法则，活动所产生的结果越能提高个体的满足感，个体越会对此活动产生兴趣。（5）侵犯—赞同命题。这一观点在霍曼斯的反复推论下，可以细分为两个不同的情况：第一，当某一个体没有得到其想象中理想的、具体的、贴切的结果，其可能产生不同的负面情绪，必然导致个体情绪和行为的变化；第二，当某一个体得到超乎寻常的结果，可以说是一种"惊喜"，那么其带来的对个体的积极影响将远远大于普通情况下所产生的影响。（6）理性命题：面对社会活动方案，实施者出自理性思考，大多数会选择价值更大或成功概率更高的行为来完成其初始目的。

美国社会家彼得·布劳在20世纪中期对社会学经验研究和理论建设工作作出重要贡献，并在很多方面修正和发展了霍曼斯的社会交换理论，一方面，布劳吸收社会交换理论的基本原理和基本命题中的关键内核；另一方面，布劳在社会主义思潮的影响下，采用马克思辩证法思想，将"集体主义方法论""整体机构论"与社会学研究不断交织、融合，所产生的结果发生了"一加一大于二"的深刻变化。彼得·布劳强调社会交换形式为三种：（1）内在性报酬。表示活动主体较为集中于行为参与的过程。

（2）外在性报酬。表示活动主体以长远目标作为发展对象。（3）混合性报酬。相同阶段，彼得·布劳也将影响社会交换过程的基本条件分为三种形式：第一，交换发展阶段与交换发生时期伙伴关系的特点与性质；第二，社会报酬的属性和获取报酬所需的成本；第三，进行交换的历史背景和现实背景。

第三节　社会交换理论的实际应用

　　社会交换其实就是人们在社会交往过程中运用互惠原则，达到自身利益最大化，从而获得自己想要的报酬。在古典社会交换理论学者眼中，人们在有自我需求的意识前提下，为满足自己内心才会进行社会交换，获得心理慰藉。依据现实情况，社会交换理论在社会中几乎每个领域都会有其应用的"身影"。其实早在中国古代思想文化中，社会交换就无所不有、无所不在，通常体现在礼仪制度、社会生活、行为规范之中，其中最显著的就是"礼"，即礼尚往来，最体现着社会交换理论中的交换理论；"报"，即回报、报恩，给予对方钱等作为报酬；"让"，即谦让、礼让，按理来说是违背了社会交换理论中的平等原则，然而正如"君子之道，忠恕而已矣"，"让"可能在一定情况下使得双方利益取得最大化。

　　现代社会交换理论的概念在如今被进一步补充丰富，逐步投入实际应用，并取得了显著的成效。[①] 社会交换理论的内容涉及多种社会实践原则，随着理论内容的应用发展，其中更多原则逐渐被提出、扩展并将其应用，例如理性原则、利他原则、集体利益原则等[②]。其中交换理论是被应用较多的原则之一，在解决老年人问题（老龄化问题）过程中，我国的老年人和社会作为交换双方建立了良好高效的交换关系。我国社会成员合理调整支配社会资源给予老年人想获得的关心、多方面的服务和高质量的医疗水平，从而让老年人拥有着健康的体格、心理状态；同样，老年人群也会促

---

　　① 刘崇瑞，孙宝云. 共享经济下社会交换理论的困境与展望［J］. 云南行政学院学报，2020（2）：121-126.

　　② GOULDNER A. The norm of reciprocity：a preliminary statement［J］. American sociological review，1960（25）：161-178.

进我国养老体系的完善和进步。在社会交换理论观点下，交换双方带给彼此想获得的利益和需求（大多体现着互惠原则）。

如今社会，随着人们的生育观念、生活条件、医疗水平等变化，老年人口数量越来越多，增长的速度也越来越快。我国正在进入老龄化社会，在解决老龄化问题过程中，社会交换理论常被应用体现。社会交换理论在老年人问题（老龄化问题）解决过程中其实就是如今的社会给老年人能带来什么，同时解决老年人问题又会给我们社会带来什么，而资源就是两者之间交换的前提。资源在社会人际交往中相当于"信物"，被称为社会交换理论的人们交流的动力。当社会成员之间存在着双方相互需要的资源时，双方产生社会活动，实现社会交换，达到自身社会交往的目的。这种资源既可以是物质性的报酬，比如金钱、地位或者服务；也可以是精神层面的关爱、信息等①。在这种资源利益驱使下，社会成员进行着社会交往活动，满足自身的情感、金钱等一系列可获得的需求。

2020年新冠疫情的暴发，使得社会生产和人们的生活方式发生了较大的变化，在这个特殊的社会环境下，农村互助养老模式被突显。社会交换理论下人们之间的交往受到社会规则、相对资源和最小兴趣三个因素的影响。在三种因素综合作用下，人们支配着自己的社交行为，并进行着社交行为选择。农村互助养老实质上也是一个社会交往过程，在社会规则约束和影响下，人们会根据相对资源和最小兴趣进行着接受服务和提供服务的一系列活动。因此在农村互助养老服务过程中，其出发点立足于农村地域需要互助养老的老年群体，但实现其可持续性发展的关键却表现为对服务供给主体需求和相对资源的满足。对于未来，农村互助养老服务实践路径应兼顾服务需求者和服务供给者的双重需求，并不断进行资源的调整和协调，在实现相对公平的同时促进农村互助养老服务的可及性，以期提升农村老年人晚年的生活品质，实现其有尊严、有质量的养老和生活②。在这样的养老服务体系下，老年人依据自身情况适时调整自己的养老互助需求，及时获取自己需要的养老服务，加大对农村互助养老服务的依赖程度

---

① MEEKER B E. Decisions and exchange [J]. American sociological review, 1971 (36)：485-495.

② 刘晓梅，刘冰冰. 社会交换理论下农村互助养老内在行为逻辑与实践路径研究 [J]. 农业经济问题，2021（9）：80-89.

和信任程度，源源不断地吸引社会各界力量的参与，增加农村互助养老的发展活力，提升农村老年人的幸福感和获得感。

自 20 世纪五六十年代，社会学家乔治·霍曼斯提出了社会交换理论，随之被人们广泛运用于众多领域，成为社会学的重要理论之一。无论在经济学研究方面，还是在社会学和心理学研究方面，社会交换理论作为权威的有力的理论工具，指出了对人类社会交往行为的合理解释。随着社会的变化，人们的交往方式和行为也会随之发展，社会交换理论的内容和应用原则仍需进一步被挖掘、探索和完善。社会交换理论在老年人问题（老龄化问题）解决进展中，取得了显著的理想成果。

第四节　社会交换理论的影响与评价

社会交换理论具有广泛的应用性。乔治·霍曼斯的观点恰如其分地突出了微观结构中的个人行为层面的社会交换，这种"行为—交换主义"着眼于人与人之间的互动，把交换概括为人的所有社会行为，即为了获得某种利益而去和其他个体进行交换。小到生活中为了消除孤独感或者寻找一种陪伴而去交的朋友，大到国家之间的利益来往，为了谈判谋求和平或者谈判没有达到双方的利益而发动的战争。这些都是社会交换理论的体现。因此我们在当代社会生活中多多少少受到该理论的影响。因此由小到大，社会交换理论的影响层层递进，从个人到社会整体。

社会交换理论为理解老年人生活、提升老年人地位、开发老年人资源提供了指导。老年人在社会中并不占据优势地位，其原因不仅仅是文化或观念的问题。从社会交换理论来看，老年人所占有的资源少，与社会的交换也减少，从而导致权力弱化，老年人的社会地位降低。随着知识经济时代的来临以及老年人健康素质的提升，老年人尤其是低龄老年人的社会交换资源有大幅度提升，通过开发老年人力资源，挖掘老年人的生产性，能够促进老年人与社会的持续交换。

当然，社会交换理论是从理性的、工具的角度切入，将功利主义带入社会现象的分析，依然具有片面性。尤其是将情感、奉献等归之为交换，在一定程度上抹杀了人类的志愿精神。

┃思考与练习

1. 分析社会交换理论的历史脉络。

2. 简述霍曼斯有关于社会交换理论的观点。

3. 结合实际，分析社会交换理论的实际运用。

第十二章

老年亚文化群理论

第一节　老年亚文化群理论的形成与发展

老年社会学中存在着一个理论，它与老年群体融入社会的程度以及他们是否能够在复杂的社会环境中形成属于老年人自己的小群体文化有着密切关系，这就是老年亚文化群理论。

亚文化是指某一区域或某个集体所持有的观念和生活方式。亚文化群理论的一般特征包括：（1）在某些方面与主体社会存在差异，这里的某些方面包括精神或行为而不是所有方面；（2）他们有共同的群体意识，这使成员把自己的群体看作在某些方面与主体相异离的共同体；（3）具有一定的社会功能，至少能为了一定目标或者活动而作为整体去行动。

老年亚文化群理论最早是由美国社会学家罗斯提出的，他在其文章中提出的理论解释了老年人群体的心理需求，即在老年人群体中的相互交往才能获得心理上的轻松和自在，减轻来自社会的种种压力，并且认为发展老年亚文化是老年人群体重新融入社会的最好方式。他的理论观点为，只要同一领域之间成员的交往远远超过与其他领域成员的交往，就会发展形成亚文化。由此可见，老年人群体正是符合其观点的亚文化群体。

老年亚文化群理论还在发展中，社会心理学范畴的个体社会化理论，社会学范畴的社会发展和社会公平理论等都对老年人亚文化的深入具有重要的指导作用，需要予以关注并进行深入的理论整合。[①] 老年社会参与研究的增加及相应理论整合将丰富老年亚文化群理论的相应观点，并加快老年亚文化群理论体系的建构，为老年亚文化群理论的发展带来更广阔的理论空间和更多元的实践道路。

---

① 段世江，张辉．老年人社会参与的概念和理论基础研究［J］．河北大学成人教育学院学报，2008（3）：82-84.

第二节　老年亚文化群理论的人物观点 ━━━━━━━━━━━━━■

一、老年亚文化群理论的基本假设

由于亚文化的出现是建立在少数具有不同的行为活动、思维方式和群体观念的特殊人群之上，因此老年亚文化群也有特殊的存在要求。它由 A. 罗斯与 W. A. 彼德森共同提出，随着人口和社会的变迁，一个相同的老年亚文化将逐步形成，它包括：

（一）65 岁以上老年人口将不断增加；

（二）精力充沛和健康的老年人比例增加；

（三）老年人与社会隔离的情况有所增强；

（四）老年人提前退休的情况增多，而老年人就业的机会相应减少；

（五）老年人生活标准和教育水平的长远改善以及老年基金、知识和闲暇时间的增加；

（六）发展为老年人服务的特殊社会福利事业，特别是促使老年人团结互助的群体活动的开展；

（七）成年子女与其老年父母同居的家庭模式不断减少。①

随着时代的发展，当代的现实情况越发贴近 A. 罗斯与 W. A. 彼德森所提出的理论模型，即社会老龄化程度加剧，老年人的幸福指数升高，社会对老年人的隔离现象越发明显，养老院、福利院、医养中心等老年服务设施的普遍建成等，也基本满足了老年亚文化群理论的存在假设，二人颇具争议的架构也伴随着越来越多的事实验证得到了越来越多的认可。

---

① 唐仲勋，叶南客. 国外老年社会学的七种理论模式 [J]. 国外社会科学，1988（11）：68-72.

二、老年亚文化群理论的观点

(一) 差别对待

一些研究者认为，出现老年亚文化群理论是因为老年群体处在被剥削的地位，在他们看来，老年人在社会中总是只能分到极少的利益，并且社会上很多活动都限制了老年群体的参与机会，在增加了其他群体的满足感的同时减弱了老年人的自我满足。这方面的问题往往是在人们潜移默化的认知情况下出现的，并不具有较主观的隔离。但这种差别对待依然使得老年人减少了与其他年龄群体的交流欲望，更多地与和自己同样被剥削的老年群体进行交流，从而出现了独特的老年亚文化群。

(二) 习俗偏见

据部分理论家的观点，对于歧视和疏远的一种反应就是少数群众形成一种亚文化，亚文化的存在是为了保护自己群体内的成员减少歧视。在老年亚文化群体中，成员们有相似的遭到排斥和疏远的经历，这导致老年群体更具有一种凝聚力。而即使老年人实际上有着较为健康的精神状态和身体素质，也会被人们打上"容易生病""学习能力明显下降""不能接受新的观念""易怒"等标签。这方面的隔离则是有较强主观性的，显然这种隔离会带给老年人更强的自卑感，因此老年人会有一种强烈的集体愿望来得到认同感，由此产生的老年亚文化也符合上文所述的亚文化形成原因。

(三) 认知转移

由于年龄的增长，老年人不再强调作为社会地位标签的财产和影响力，而更加重视健康和社会活动，[①] 即曾经很多用来代表社会地位的标签现在已经没有那么重要了，反而健康的身体和自由活动的能力更让人羡慕。由于这些话题的讨论程度相较于其他群体在同龄群体中频次更高，因此更容易达成共识，同时为了实现对健康的追求，老年群体通常会进行有

---

① 唐仲勋，叶南客. 国外老年社会学的七种理论模式 [J] . 国外社会科学，1988 (11)：68–72.

关的集体活动，这些集体活动也使得老人们具有了共同性，因为老年人之间的共同性使得他们产生了群体精神和群体自豪感，从而自然而然地形成了老年亚文化群。

第三节　老年亚文化群理论的实际应用

　　老年亚文化群是在某一区域内的老年人拥有共同的观念和生活方式所形成的集合体。老年亚文化群理论最初由美国学者罗斯提出，旨在揭示老年群体的共同特征，而老年亚文化是老年人重新融入社会的最好方式，按罗斯的观点，只要同一个领域成员之间的交往超出和其他领域成员之间的交往，就会形成一个亚文化群。在此观点的基础上，本节按城市与农村对老年亚文化群理论实际应用的研究进行分析。老年亚文化群理论对于老年人重新融入社会有着举足轻重的作用。

　　从城市背景来分析，当今社会人口老龄化加重，社会养老负担增大，特别是城市社会生活中，青年及青壮年忙于工作，使得老年人无法适应城市的快节奏生活。再者，由于老年群体所具有的局限性，如思想保守、反应缓慢、接受能力差等特点，使得在现代社会中老年文化成为一种亚文化。随着科技的进步与发展，互联网以及智能产品的更新迭代使得社会文化形式进入一种"快餐式文化"。与当前主流文化相比，老年文化相对不被广大群体接受。2017 年 5 月 31 日，河南省洛阳王城公园篮球场发生一起争执，原因是广场舞大爷大妈们占用篮球场地，使得前来打篮球的青年小伙们无地可用，双方由言语冲突转为肢体冲突。最终在警方的介入下事件得以告终。此事件的爆出在社会上引起了广泛的讨论。从事件的双方分析，篮球场的修建是为了丰富市民生活，给城市的人们提供一个休息、放松、锻炼的场地。青年人来篮球场打球，是符合情理的，而老年人来篮球场锻炼，也并不违反篮球场建设的初衷。二者的矛盾以老年亚文化群理论分析，则会简单明了许多。有数据显示，年龄在 15～24 岁的中国男性有83％自称是 NBA 迷。NBA 的官方网站近 1/3 的访问流量来自 NBA 中文网站，联盟的比赛在中国 50 多个电视台播出，因此篮球在中国是一个大众化运动。而篮球运动显然是不适合老年群体的，反而广场舞因为其运动量小且有利于强身健体的特点更吸引老年群体的参与，因此二者形成了一种主文化与亚文化的矛盾。显然篮球相较于广场舞是更被广大群体接受的。因此广场舞文化成为老年文化的一种。从老年亚文化群理论分析，老年人跳广场舞是一种适应现代生活节奏的方式。正如青年人打篮球，老年人通过广场舞的方式，走出家门，融入现代社会。他们与青年人一样，享受现代生活。通过广场舞，老年人可以锻炼身体，提高身体素质的同时也提高心理素质，使得老年人融入社会。通过广场舞，老年人聚集在一起能够互相交流情感，交到朋友。而对于青年人与广场舞大爷大妈们争夺场地的问题可以通过政府修建文化活动中心，在具有篮球场场地的同时，也同样提供公园等地方供老年人休息、散步、跳广场舞。社会慈善机构也可以提供类似于舞蹈室的场地供老年人休息娱乐。这样有利于老年人重新融入社会，并且为解决当前我国老龄化问题加重以及养老难题提供了解决思路。

在农村，农村青年劳动力流失使得农村孤寡老人数量提高。并且农村与城市之间有着经济发展上的区别，农村智能化水平低于城市，基础设施建设也落后于城市的发展。因此，农村背景下人们的娱乐设施以及文化设施相对贫乏。在农村生活，我们不难发现，到了傍晚，总是会有很多老年人吃完饭坐在门口拿个小板凳聊天，曾经网络上戏称其为"农村信息情报中心"。而作为年轻一族的青年人却很少坐在大门外面聊家长里短。这是因为大部分老年人对于智能设备掌握较少。老年人与年轻人之间也存在一种代沟，使得老年人难以融入年轻人的圈子。青年人使用手机时间较长，部分青年人甚至要占一天时间的60%以上。而青年人的信息交流、信息获取方式也大致可以分析出是通过互联网进行，如现在人们广泛使用的QQ、微信、抖音、快手、钉钉等软件。而互联网的使用对于青年人来说是一种主流交流方式，从社会学中分析称之为主文化，相较于主文化，使用线下交流"拉呱"方式对老年人来说便成为一种亚文化。而互联网具有传递性、自由性、实时性、交换性、共享性、开放性等特点，加快了社会发展的进程。这就使得老年群体逐渐落后于时代的发展，老年群体对于信息掌控的能力远远弱于青年人，所以老年人之间的"拉呱"更有利于老年群体掌握最新的信息，跟上时代发展的潮流。因此我们可以看出，老年亚文化群理论对于老年群体重新融入社会起着重要的作用，也是老年亚文化群理论实际应用的部分之一。

　　无论是农村还是城市，二者都有着其共性与个性。原因与老年群体的特点也息息相关。城市由于经济发展速度较高使得城市人们社会文化生活更加丰富，因此城市老年群体融入的方式也相对丰富。当前我国社会不断发展，小康社会的建设也使得农村社会智能化水平不断提高，人们生活水平也不断提高。村文化中心的建设、赶集以及看孩子都是老年群体融入社会的方式。但不管是哪种方式，相较于社会主流文化来说，老年文化的受众均为老年人，这就容易形成老年集群，老年人聚集在一起互相聊天敞开心扉有利于老年人加强心理建设以及丰富其精神文明生活。而这便是老年亚文化群理论对于老年群体融入社会的具体实践。

　　此外，当今社会老年人群体的占比越来越高。面对越来越大的养老市场，许多潜在的养老红利尚未被发掘。如何应用好老年亚文化理论，从潜力巨大的养老市场中探索出一条既能创造出社会利益，又符合老年人群体真正诉求的"双赢"道路，是现在探索国家养老问题的重点。最后，我国社会学家段世江博士认为，可以考虑积极引导老年亚文化群，使之逐渐发展为许多大大小小的老年人群体组织或社团，这不但可以提高老年人参与社会的水平和层次，提高老年人的社会地位和影响力，并且能够加强老年人之间的交流，解决因角色变化而导致的孤僻和寂寞。同时形成组织后也可以督促家庭和社会、国家为养老事业承担更多的社会责任，使全社会形成一个健康向上的老年观①。

第四节　老年亚文化群理论的影响与评价

　　老年亚文化群理论在老年学研究领域有很大影响，对老年学理论的发展和实务工作也提供了支持。正如同任何一个理论一样，老年亚文化群理论也有独特的优势与不足，并随着社会变迁和学术发展不断发展和演进。

　　当今我国老龄化背景下，老年人文化生活的建构，应该围绕老年人的群体特征和文化背景开展，老年人亚文化群体理论以老年人群体作为研究

---

　　① 段世江，张辉. 老年人社会参与的概念和理论基础研究［J］. 河北大学成人教育学院学报，2008（3）：82-84.

对象，有针对性地分析老年文化群体的社会效应。该理论旨在揭示老年群体的大众性特点，而老年亚文化群是老年人重新融入社会的较好方式。我们对老年人不只是物质上的赡养，还需要更加注重精神层面的关注。

丰富的文化生活不仅能提升老年人的身体素质，更能够有效地满足老年群体的精神需求。老年人有自己的兴趣、价值观念和利益需求，还有不同于青年人和中年人的行为和处事方式，以及老年人共同的生理、心理和社会背景，这使老年亚文化的形成有了主观的可能性；从客观角度来看，退休和养老等一系列的社会政策使老年人从社会中渐渐脱离出来，老年活动场所、老年服务设备等社会所提供的物质条件也使老年人进一步从青年、中年群体中区别出来，这使老年亚文化群理论的产生具备了现实场景。老年亚文化群体理论的运用有助于理解分析当今老年文化生活的构建，对政府和相关部门提出合理的、有针对性的发展路径起到一定的推动作用，通过研究学习老年亚文化群理论也能使除老年人以外的人群更加关注我国老年人的生活状况和精神状况。

老年亚文化群理论为老年人精神保障模式提供了研究思路，基于此，智慧养老得以进一步发展。智慧养老的应用场景很多，并在不断扩展。例如，智能腕表可以随时监测老年人的健康状况，并且有一键呼救和一键亲情拨号等适老简易操作功能。除了基本的保障老年人安全健康的功能，满足老年人群特有的文化生活的功能也在智慧养老模式下得以实现，并趋于多样化发展，这样的发展离不开老年亚文化群理论研究的推动。比如老年人线上点餐、购物、就医、娱乐、交友等多项助老功能，在智慧养老平台上都能方便快捷地实现。其中娱乐交友方面对老年亚文化群理论的运用尤为明显，诸如此类以满足老年人特殊精神需求以及文化生活需求的软件功能，无不体现了老年亚文化群理论的影响和实际应用。当今我国老年人口总数大、老龄化速度快进程深，再加上家庭小型化、少子化、独居化、空巢化，让年轻家庭成员背负较大的养老负担和压力，传统家庭养老中的经济、照料和精神慰藉等功能存在不同程度的削弱和退化，为了积极应对老年群体精神障碍破除以及推动老年亚文化构建，我国注重将信息网络技术、人工智能技术等应用于养老业，打造"互联网+"智慧养老模式，大力推动了养老服务深层次变革。

作为亚文化群理论之一的老年亚文化群理论被广泛运用于老年社会工

作实务中，成为不少社会工作者非常偏爱的模式。按照罗斯的观点，只要同一领域成员之间交往，就会形成一个亚文化群。老年人群体正是符合这个特征的一种亚文化群体。老年亚文化群理论指出了老年人活动和地位的一般特征，但该理论并不能应用于所有情况和所有老年人。总体来说，老年亚文化群理论主要有以下几点优势：首先，老年人加入老年人的次文化群体，发展出有别于主流文化的亚文化，可以使老年人保持自尊和自信，保持较高的生活信念。其次，根据上述，该理论推动了老年人精神障碍的破除，推动和鼓励了老年人重新融入社会，从而进一步减轻家庭养老负担和促进智慧养老的发展。最后，老年亚文化群理论重视基本框架应用，对社工实践有较为明确的、结构性的指导，特别是在对服务对象的分析以及活动方案的设计时提供理论支撑。

可以说，老年亚文化群理论具有多项优势，将理论与实践结合，适用于许多领域的社会工作研究和实务。然而，正如所有的理论一样，老年亚文化群理论也存在一些不足。

首先，随着老年人数量和交往的增加，老年人不再满足现有的社会地位，同时衍生出不同于年轻人的特殊文化形式，一些老年组织开始组建，构成了潜在的社会势力。其次，由于老年人处事方式和价值观不同，在实际运用老年亚文化群理论时存在个体和群体差异。最后，老年人本身已经与主流社会产生了疏离，过分强调老年亚文化，也许能在一定程度上唤醒社会对老年这个群体的特殊关注，但更可能将老年人进一步从主流社会推开，从而加剧老年人对社会的疏离感。

此外，老年亚文化群理论的研究仅仅是在社会学的某一个角度或者某一个方面阐述了老年人社会参与的相关因素，并没有一个完整明确的体系，未来需要越来越多的诸如个体社会化理论，社会公平理论等进行完善。

▍思考与练习

1. 如何理解老年亚文化群理论。

2. 论述老年亚文化群理论的主要观点。

3. 分析老年亚文化群理论的实际应用。

4. 请对老年亚文化群理论作出评价。

第十三章

老年人社会支持理论

第一节 老年人社会支持理论的形成与发展————————————■

社会支持作为一种理论思潮，学术界对其有极为丰富和复杂的探讨与研究。尤其是在近代西方社会学界，社会支持理论如雨后春笋般迅速地发展。而论其发展渊源可追溯至 200 多年前法国首位社会学家迪尔凯姆（Durkheim）在《自杀论》中提到的社会联系和社会融合的概念，首次阐述了社会支持这一行为极为重要理论的现实意义。

而事实上，直至 20 世纪 60 年代末至 70 年代初，社会支持理论才被人们真正当作一种研究范畴而提起——主要来源于人们对心理健康与社会压力关系的重视。[①] 1964 年美国精神学家露丝通过一项为期 9 个月的实验对研究对象治疗的场域进行转移，得出一项结论，亲人和朋友的支持对精神治疗具有至关重要的作用。同时揭示了社会支持的重要性。不仅在国内，欧盟的挪威和瑞典学者对社区支援的发展与研究也开展了十余年，1985 年在瑞典发表的《网络工作治疗：理论与实践》（*Network Therapy*：*Theory and Practice*）一度被看作是社区支持学说最终产生的重要标志。[②] 但是，自从 20 世纪 60 年代末社会支持学说被正式提出以来，各路社会学家对社会支持概念的理解已经日益深入，并且由于后继各个专业学者所注意的侧重点并不相同，社会支持已俨然变成了一种具有交叉学科特性的新概念。但现在，更多的学者相信社会支持学说已经能够成为一种复合的范畴而出现于社会学界。

社会支持（Social Support）作为一种不可或缺的人际互动方式，普遍存在于人类的日常生活之中。这一概念涉及人际交往的不同方面、活动和过程，自始至终就是作为一种多方位的变量呈现出来。纵观社会支持的学术发展历史，可以将其分为社会系统论、社会整合论、社会支持网络支持理论和社会资本论四大部分。而社会支持的定义，在社会工作的实践案例

---

① 张克云，叶敬忠. 社会支持理论视角下的留守儿童干预措施评价［J］. 青年探索，2010（2）：81-87.

② 宋丽玉，曾华源，施教裕，郑丽珍. 社会工作理论：处遇模式与案例分析［M］. 台北：洪叶文化事业公司，2005：284.

中则体现为：社会工作者利用除服务对象或自己以外的力量，帮助获取必要的情感或物质上的资源，并用来克服困难的社会活动。

对于社区支持（Social Support）这一用语，早期的学者提出社区支持是个人为解决日常工作、日常生活中的社会问题与危险，从其他人或社区网络中获取的一般性或特殊的支撑资源①。相比于其他学科，社会学家们更多地关注社会支持对个人、社群的效率和成果。被誉为"美国学术之父"的诺亚·韦伯斯特在《韦氏大词典》中将社区支持的概念界定为某种在环境中推动发展的动力或原因②。良性的社区支援也有益于心理健康。社区支持一方面对处在压迫状况下的个人进行防护（减轻压迫），另一方面对于保持社区正常的良性体验也有着意义③。从这种视角来看，在当事人（服务对象）有需要之时，来自别人的社会同情与赠予的资源便是社会支持④。

20世纪以来的人类社会经历了前所未有的历史性、革命性、颠覆性改变，并且出现了历史上最严重的老龄化现象，这为老年社会支持理论的实际运用提供了广阔的平台。据国内外社会学界关于老年社会支持的各项研究，在其定义上可以得出以下结论。

一、老年社会群体所获得的社会支持与其幸福指数、生活质量呈现出明显的正相关性。这表明老年群体获得的社会支持越多，其幸福指数、生活质量越高。

二、社区支持对老年人群体的主要影响，决定了社区支持的主要维度和来源。国外的一个重要调查研究指出，代际感情是鼓励女儿向中老年父亲提供支持的主要原因，而法律义务、财产继承以及交往频率，也是鼓励女儿向中老年父亲提供支持的主要原因；同时，孩子的住所以及与父亲之

---

① 李宁宁，苗国. 社会支持理论视野下的社会管理创新：从刚性管理向柔性支持范式的转变［J］. 江海学刊，2011（6）：111-116.

② 苟雅宏. 社会支持基本理论研究概述［J］. 学理论，2009（12）：74-75.

③ COHEN S, WILLS T A. Stress, social support, and the buffering hypothesis［J］. Psychological bulletin, 1985, 98（2）：310-357.

④ 施建锋，马剑虹. 社会支持研究有关问题探讨［J］. 人类工效学，2003（1）：58-61.

间的物理距离，也是影响孩子向父亲提供支持的关键因素①。

三、中国老年人群体的社会支持尚未平衡：目前在我国具有一个庞大的社区支援服务网络，并且通过该网络可以获得自身所需要的社区帮助的老年人不在少数，这一类人群在遇到生理或心灵上的困难时积极或被动地采取不同方法和渠道向别人倾诉或求救；但仍有很大一部分老年人群体的社区支持网络并不健全，尤其有部分老年人家庭环境较差，甚至很难获得自身所需要的社区帮助。

四、人口统计学因素对中国老年社区发展有着难以忽略的影响，并且由于先决条件的特殊性导致影响程度各异。因此，受高等教育程度对老年人的社会发展将产生极其重要的影响：它既影响了老年人的婚姻状况和夫妻关系，同时又影响了老年社区所支持的政策来源（特别是经济支持）以及社会救助行为。然而，科学家还是没有什么证据表明性别对老年社区支持度产生过非常重要的影响。

第二节　老年人社会支持理论的人物观点

社会支持指的是个人从包括亲属、朋友、同事、社会组织、政府等给予其物质抑或精神上所提供的援助帮扶。这一概念贯穿于人们的生活之中且容易理解，但作为学术里的专业概念却有着复杂的含义。

一、社会支持的定义

社会支持的概念由 Raschke 于 20 世纪 70 年代提出后被心理学、医学、社会学等学科的研究学者不断丰富，从而使得社会支持这一概念得到了极大的发展，不过当前学术界对其仍未形成一致的观点。当前对社会支持概念的区分大致有以下几种较为主流的观点。

①　SUN R J. Old age support in contemporary urban China from both parents' and children's perspectives ［J］. Research on aging, 2002, 24（3）: 337-399.

（一）社会互动的观点

社会支持是人和人之间的亲密联系，当个体面临困境时，其他个体或集体会对其提供物质形式或精神形式的帮扶。社会支持有时甚至会让受到促进情感联系、给予指导的一方在这个过程中给另一方地位和成就的反馈①。萨拉森把社会支持视为一种客观存在的、个体所能够感知的关系。接受社会支持的一方在被接纳、关心、博爱的过程中感受到自身的价值并得到实质性的帮助②。而艾德文那认为，社会支持处理不但是一种单向的关怀或帮扶，它在大多数的情况里还是一种社会交换，即个体同个体之间进行的社会互动关系。

（二）社会行为的观点

在《新大学词典》中，韦伯斯特把"支持"这一词语定义为可以促进帮扶或支撑事物的过程或行为；社会支持则是在社会环境中的一种可以推动个体发展的要素，个体在这一过程中感受到了归属感、博爱和关怀。③夸特里德把社会支持当作一个复合层次的概念，在个体和其所在的环境中存在着三个程度的关系：人们的整体参与程度、社会环境支持的起源、社会支持能否给个体给予物质上和精神上的帮扶④。沃尔斯顿也把社会支持当作一个复合的结构，使人们通过正式的或非正式的社会联系接收到关怀和帮扶⑤。

（三）社会资源的角度

社会资源是个体在处理遇到的突发紧急状况或困难情境时所拥有的一种潜在资源。巴雷拉对社会支持这一概念提供了三个必备因素：需要接受支持的个体、对受助个体进行的支持活动或行为、支持者对获得支持的主观感受。社会支持是一个十分复杂的概念，它是社会的环境因素和个体的认知因素的有机统一，所以能够以此推导出社会支持是个体为应对所需而

---

① 苟雅宏. 社会支持基本理论研究概述 [J]. 学理论，2009（12）：74-75.

② 同上.

③ 同上.

④ 同上.

⑤ 同上.

与周围的个体和集体所沟通交往进而构成的联系。①

（四）其他角度

J. E. Hupcey 将社会支持的定义划分为五种：

1. 接受社会支持的个体的角度，如 Priocidano 认为社会支持是个体在接受支持的过程中是否获得满足。

2. 社会关系网络的角度，社会支持是个体能够通过其他个体、组织和更大的组织获得帮扶的可能性。

3. 给予社会支持一方的动机或行动。

4. 社会支持的性质。

5. 提供社会支持的一方与接收方的互惠性资源交换。②

二、社会支持的分类

迄今为止，对于社会支持的分类方法较为多样且没有形成统一的观点，以下列举几种较为主流的分类观点。

Ainlay 和 Sara 认为社会支持有以下六个类别③：

（一）物质形式的帮扶，如直接给予金钱、食物券。

（二）行为上的帮扶，如帮忙做家务。

（三）亲密的沟通，例如给予包容、接受倾诉、给予慰问等。

（四）提供指导，例如帮助接受支持的个体摆脱失业、增加收入。

（五）提供反馈，如给予情感上的同理心。

（六）积极的社会交往活动，如参加娱乐活动进行放松和扩大支持个体的交际圈。

我国医学学者肖水源把社会支持分为以下三个种类：主观支持、客观支持以及个体的利用度。陶沙、李伟用大学生社会支持结构的研究得出结

① 段鑫星，程婧. 大学生心理危机干预［M］. 北京：科学出版社，2006.

② HUPCEY J E. Clarifying the social support theory-research linkage ［J］. Journal of advanced nursing, 1998, 27（6）：1231-1241.

③ 周林刚，冯建华. 社会支持理论：一个文献的回顾［J］. 广西师范学院学报，2005, 26（3）：11-14.

论，从社会支持来源的角度来看，社会支持分为以下两大类：横向来源（如同事、舍友）与纵向来源（如父母，老师）①。

总体上讲，当前学术界把社会支持大概分为以下两大类：一类是物质的客观支持，即实际社会支持（received social support），包括物质形式的帮扶和直接提供服务；另一类则是精神上、情感上的支持，即领悟社会支持（perceived social support），是受支持者在社会生活里被接纳、关怀、理解的情感体验。上面两种社会支持相关理解的差异，实质上体现了学者们的学科差异和出发点的不一样。

三、社会支持的作用模型

社会支持的作用模型指的是社会支持和心理健康之间的作用模型，当前，这一模型有以下两种较为主流的研究成果。

主效应模型（main-effect model）表明社会支持会给予带有普遍积极作用的帮助，受助者个体的身心健康条件必然会得到提高。沃海特曾用个体当前的婚姻状况当作社会支持的指标，发现良好的婚姻状况可以让个体的身心健康状况保持在一个较高的水平上。这一模型虽有一些不足，但是可以充分证明个体融入社会网络，即个体获得社会支持可以拥有较好的生活质量水平。缓冲器模型（buffering model）表明社会支持只有在个体处于应急状况时才会对身心健康产生影响。Cohen认为，社会支持能够在应急状况和身心健康关系链条的两个环境产生积极的影响②。如果个体在应急状态或处境不佳时受到了社会支持，那个体的自我应对能力将会得到提高并能够更好地应对当前的处境。许多学者通过与同事、朋友的关系，不同的个体之间相互支持作为社会支持的内容进行调查分析，也证明了缓冲器

---

① 陶沙，李伟. 抑郁倾向大学生社会支持结构及其满意度的研究［J］. 中国心理卫生杂志，2003（1）：39-41.

② COHEN S, WILLS T A. Stress, social support, and the buffering hypothesis［J］. Psychological bulletin, 1985, 98（2）：307-357.

这一模型假设的正确性①。

四、社会支持与老年学

当前从医学和教育学角度研究社会支持的文献较多，但是老年学角度研究社会支持的文献相对较少。以下为部分国内学者从老年学角度对社会支持进行研究的观点。

靳敬敬运用 Stata 14.0 分析软件、从 CLHLS（中国老年健康调查）中选取部分数据并得出结论：当老年人受到精神慰藉和日常家务帮助的社会支持时，他们会在这一过程中提升幸福感、减少孤独感、抑郁、焦躁等不良情绪。积极参与老年大学、老年活动中心、广场舞等社会交往场所活动的老年人，其健康水平高于其他老年人。② 房黎明采用 CHARLS（中国健康与养老分析调查）的数据，并通过模型得出结论：老年人的主观幸福感可以由新农合政策、社区关怀等正式社会支持提升；但是发挥主要作用的仍是婚姻、子女经济援助与回家探望这些正式社会支持。总的来讲，社会支持同老年人幸福感是正相关的。③

第三节　老年人社会支持理论的实际应用

社会支持理论广泛运用于社会生活，其中主要应用于老年社会工作、青少年社会工作、医疗社会工作三个领域。社会支持理论在老年社会工作的实际运用主要体现在社会支持与老年人心理、健康、寿命等。

运用社会支持理论对研究对象现有的社会支持网络进行分析，发现老年人相较于工具性支持更缺乏朋友的表达性支持，具体表现为老年人退休之后，之前在工作岗位上的同事朋友由于居住距离较远等原因而不能经常

---

① 宫宇轩. 社会支持与健康的关系研究概述 ［J］. 心理科学进展，1994（2）：34-39.

② 靳敬敬. 社会支持对农村老年人健康的影响研究 ［D］. 武汉：中南财经政法大学，2019.

③ 同②.

取得联系，而现居住的社区并没有一个供他们这个年龄段的老年人相互认识、相互交流的固定场所。① 可见，社区缺乏对于老年人的关心与照顾，缺乏专门对于老年人的设施安排，运用社会支持理论，可以对老年人开展红色活动、相应的设施安排、老年人运动会等一系列活动，以满足老年人内心的空虚和对于外界的表达欲，对老年人进行精神上的慰藉。

目前，老龄化日益严重导致了有关老年人的许多问题，老年人也因为变得孤单、空虚、寂寞造成了很多社会问题，给当代年轻人家庭带来了很多家庭压力。很多老年人也选择去福利机构度过晚年，但大部分福利机构对照顾护理老年人日常起居生活的服务并不是很到位，甚至出现了殴打辱骂等现象，这是社会一大隐患。对于社会工作者来说，可以运用老年社会支持理论进行缓解，通过对于社会福利机构的加强指导与监督、子女对于老人进行合理的关心照顾、老年人自身愿意表达并与朋友交流交往进行改善，加强对老人的社会支持，进行身体上、物质上的慰藉。

现在，大多数老年人由于身体原因，无法外出劳作挣钱养老，基本处于子女赡养或者自给自足状态，与社会联系甚少，处于社会隔离状态，这对老年人的精神和身体健康都有着极大的危害。② 各地的社会支持对助力老年人，解决心理、精神问题都有着极为重要的作用。邻里亲友的支持可以帮助老年人面对丧偶后新生活中的一系列挑战。家人和朋友的关心使老年人会更加关注自己的健康，他们可能会鼓励老年人定期检查身体，对于老年人来说在有亲友陪伴的情况下会更愿意配合医生的治疗③。所以，社会支持对于老年人的精神和身体健康，都有着一定的影响，要对老年人进行额外的关照与照顾。

通过研究老年社会支持理论发现，具有强烈社会支持的老年人，在生活中的寿命都比较长，所受到的身体上的折磨比较少，疾病的发病率和死亡率都比较低，所以，给予老年人一定的社会支持、沟通关怀可以在延缓老年人衰老的同时减少老年人的患病概率。同时，研究发现，老年人也存

---

① 陈炯．社会工作提升城市社区高龄空巢老人精神慰藉的实践研究［D］．昆明：云南大学，2019.

② 孙越．社会支持理论指导下的福利机构老年社会工作［J］．科技视界，2013（33）：168.

③ 同②.

在抑郁情况，因为老年人身体机能慢慢减弱，行动力大不如从前，对于老年人心理会造成一定的影响，有自杀倾向的老年抑郁症患者所获得的家庭社会的温暖比较少，具有一定的和他人交流交往障碍，从而出现了抑郁情况和自杀倾向。运用社会支持理论，积极与老人进行合理的沟通交流，给予家庭的温暖、社会的支持、政府的关怀……对老年人进行合理的关照。

对于老年人的社会支持，不仅仅要从家庭、社区、社会福利机构三个方面进行，还要从政府、社会组织等方面进行。目前社会所提供的社会支持相关政策主要有"老保""低保""新农合""大病救助""危房补助"等几项政策。[①] 这些政策受到了农村老年人的欢迎，帮助他们真真切切地解决了自己所遇到的生活问题，是农村老年人在自己处于苦难时的"救命稻草"。老年人的最低生活保障、关于疾病的医疗保障，老年人所受到的救助，解决了老年人内心的最大困扰。目前，有很多老年人为省钱，不去医院治病，不愿意给自己的儿女带来困扰，不愿意让自己的儿女担心。而老年人的最低生活保障、医疗保障和救助为老年人有效地解决了这一大困扰，政府的政策给予了老年人一定的社会温暖与支持。

社会支持概念来自病源学，也就是说，社会支持是针对那些由于缺乏他人关怀和认同而出现心理健康问题的个人而提出的解决方案。[②] 老年人本身对于外界缺少热情，与他人的交往交流少。家人缺乏与老年人沟通交流，邻里亲友对老年人关心照顾较少，社区针对老年人的活动设施匮乏，社会福利机构服务满足不了老年人的需求，政府出台的政策在实际运用中仍存在一定的不足……对于这些问题，整个社会遵循社会支持理论，都付出自己的一份力进行解决，老年人热爱生活，与他人热情交往，家人给予关心支持，邻里相互照顾，社区针对老年人的活动设施完备，丰富老年人生活，陶冶老年人情操，提供社区支持。社会福利机构在社会的监督下努力整改，力争为老年人提供各种独特的服务展现自己的特色，为老年人提供福利机构支持，政府完善政策切实运用到老年人的实际生活，切实帮助老年人解决问题，提供政府支持。家庭支持、邻里支持、社区支持、福利

---

① 邹波，叶敬忠. 农村留守流动儿童及老年人社会支持政策研究［M］. 北京：人民出版社，2018：369.

② 同上.

机构支持、政府支持……最终构成了社会支持，老年人也在社会支持下各种疾病发病率和死亡率降低，生活热情提高，从而延长了寿命。

第四节　老年人社会支持理论的影响与评价

随着人口老龄化的深度发展，老龄事业日益影响我国的可持续健康发展。受城市"虹吸效应"加剧、农村空心化、家庭结构核心化和传统养老观念变迁影响，我国人口老龄化的问题农村比城市更为严重，出现老年人口增长快、空巢化加剧、保障低等情况，给家庭和社会化养老带来了巨大挑战。在家庭养老功能下降、社区照顾能力欠缺的情况下，老年人拥有巨大的养老服务需求。社会支持理论回应了时代的需求，为回应老龄化问题提供了有益的理论资源。

从社会支持理论的分类来看，因为没有固定的分类标准，不同的学者都有自己的分类方法，因而不同的学者对这一概念定义不同。不同概念彼此之间没有逻辑上的联系，因而老年人社会支持理论内部也是复杂多样的，尽管老年人社会支持理论不断应用于实践中，然而在理论中却缺乏一致的观念，对实践研究的重视往往多于对相关理论的认识。这些分类方式之间难以统一，如有学者将社会支持划分为客观的物质支持与主观的情感和精神支持，而另有学者又将社会支持划分为政府和官方组织提供的正式支持与家庭成员和亲密关系群体提供的非正式支持等。这些概念之间没有明确的界限，导致老年社会支持理论的专业性在社会工作实践中不能得到很好的体现。同时片面强调老年社会支持的正面作用，忽视了不当的支持和过分的支持对被支持者的不良影响。社会工作者在实践中难以将多种支持统一起来，且这些支持之间互相交叉，有时提供支持的群体在看法上出现分歧，甚至矛盾，这些将可能造成不当的支持。在某些特殊情况下，过分的支持反而会损害老年群体自身的积极性，使得老年群体寄全部希望于外界的支持，导致自身不再积极努力解决问题。因而他们寄希望于社工来和他们聊天，希望社工来理解他们，并向他们诉说自己最近的状况，希望得到社工的宽慰，此时社工要牢记自己的初衷与本心，要让自己所服务的老年人学会自我排忧，学会自己去寻找生活中的乐趣。但是，对于一些生活比较困难的老人，社工可以依据老年人社会支持理论以及自己独特的资源获取者优势，为弱势老年人提供相应的资源，去寻求政府和社会有关部门的帮助，为老年人提供相应的便捷，尽量减少他们在生活方面的困难，尽可能地去提升他们的生活质量。老年人社会支持理论也有其不足的地方，其内部理论的分类标准不一，再加上如果老年人过度依赖社工，可能会降低老年人自愈的能力，而且现有的这些理论可能对当下发生的某些问题不能很好地去指导，需要慢慢探索。

老年社会支持理论被提出后，逐渐被应用到实践当中，去指导社工更好地服务老年人，在实践领域也得到重视，在解决老年人问题的时候确实提供了思路，解决了一些现实问题，但是该理论仍然有不够成熟的地方，没有固定的分类标准，理论内部复杂多样。需要探索社会支持理论的深层内容以及延伸的理论知识，去解决老年人实际生活中可能会遇到的各式各样的问题，不能过度依赖于现有的一些理论，应该发现现有理论的一些不足之处，不能以偏概全地应用已有的理论去解决问题。

▎思考与练习

1. 结合国内外社会学界关于老年社会支持的研究，你可以得出哪些结论？

2. 简述社会支持的定义。

3. 简述社会支持的分类。

4. 简要分析老年人社会支持理论在老年社会工作中的实际应用。

5. 论述老年人社会支持理论在老年社会工作实际应用中的影响与评价。

第十四章

社会情绪选择理论

第一节　社会情绪选择理论的形成与发展

一、社会情绪选择理论的形成

（一）社会情绪选择理论形成的社会背景

20 世纪 80 年代，西方资本主义经济发展，第四次科技革命开展，科学技术创新发展。科技进步使人们的生活方式更加便捷，提高了人们的生活质量，人均寿命也有所提高。但与此同时，人口老龄化问题日渐突出。这给西方社会的福利政策、社会保障制度带来了巨大挑战，但也引起了对老化领域进行研究的热潮，社会情绪选择理论应运而生。

（二）社会情绪选择理论重要的理论基础

1. 社会脱离理论和活动理论

社会脱离理论认为：老年人的活动能力较年轻时有所下降，并且不再能承担之前社会角色的社会期待，老年人自觉从社会中撤退，缩小社交范围，减少社会活动。而活动理论认为：老年人要积极主动参与社交活动，摆脱不能承担期待的社会角色，寻求新的社会角色，拉近与社会的距离，但往往由于身体机能衰退、命令退休等，导致社会交往活动减少。这两种理论都认为老年人因身体素质下降等原因而被迫减少社会交往，比较悲观消极。Carstensen 不认同社会脱离理论和活动理论所传达出的消极观点，寻找并参考与之相反的积极理论和研究，提出了选择理论。选择理论的主要观点是：老年人社会活动的减少是积极选择的结果。这种积极选择一方面可以减少不必要的社会交往活动带来的能量损失，另一方面可以使老年人将更多的精力投入价值更高、使他更满意的社会活动。社会情绪选择理论是在选择理论的基础上进一步发展出来的。

2. SOC 模型（选择补偿的最优化元模型）

1990 年，德国心理学家 Baltes 提出了成功老龄化的经典模型——SOC 模型。SOC 模型主要涉及选择、补偿、最优化三个方面。即选择对自己最有利的机遇或活动领域；当面临资源缩减等不利处境时，采取一些降低负面影响的补偿策略；高效利用资源，在最大限度上发挥资源的作用，以实现最优化目标。社会情绪选择理论所提及的时间知觉、社会动机等核心概念间的逻辑关系深受 SOC 模型基本观点的影响。

3. 发展心理学

发展心理学的主要理念认为人从出生到死亡的各个阶段都是动态发展的，发展包括获得和损失两个维度。发展心理学尤其是其中的毕生发展观为社会情感选择理论中的老年人心理发展和主动选择提供了理论支持。

4. 动机理论

动机理论认为，当人们对某个事物产生强烈需求，并且需求维持在较高水平时，需求会转换成动机。动机是一种主观愿望与意向，具体表现为人们对理想目标的追寻。动机理论为社会情感选择理论中的情绪导向、知识导向动机的提出奠定了丰富的思想基础。

二、社会情绪选择理论的发展历程

20 世纪 90 年代初，斯坦福大学的心理学家 Laura Carstensen 提出了社会情绪选择理论，即动机的毕生发展理论。社会情绪选择理论建立在三个理论预设之上：第一，社会交往是人们生存的核心；第二，人们的行为是由实现目标的预期所驱动的；第三，人们通常同时拥有多种，有时甚至是相矛盾的目标[1]。用"社会情绪选择理论"代替"选择理论"的提法始于 Carstensen 一篇题为《社会情绪选择理论：一生发展背景下的社会活动》（*Socioemotional Selectivity Theory*：*Social Activity in Life-span Context*，1991）的论文。[2] 该理论名称的完善体现了情绪在选择中的重要作用。在人处于老年时，为了满足老年阶段的积极情感需求，老年人会进行精心选择，选择更有价值、更符合老年人情感需要的人际交往活动。1992 年，Carstensen 参考 Jean Mcfarlane 儿童指导研究中的访谈数据，发现老年人与

---

① 韩冰. 社会情绪选择理论：未来时间知觉、年龄和社会目标的关系研究 [D]. 上海：华东师范大学，2009.

② 刘晓燕，陈国鹏. 社会情绪选择理论的发展回顾 [J]. 华东师范大学学报（教育科学版），2011，29（1）：47-53.

熟人、朋友的亲密程度和沟通次数远远低于与亲人的亲密程度和沟通次数。老年人与亲人、熟人之间交往频率的差异性也在另一个层面上反映了老年人是根据情绪的满意程度，有策略地缩减社会交往活动。

1999 年，Carstensen 及其同事使用"时间知觉"（perception of time）代替了以往关于时间的各种提法，并详细阐述了时间知觉在社会动机改变中的作用。① 不同于以往的模糊描述，"时间知觉"这一概念的提出更清楚地解释了诱发老年人进行精心选择的原因。社会情感选择理论认为：社会动机决定人的社会交往行为，动机包括满足情感需求的动机和获取知识的动机。人的时间知觉对动机的优先选择起关键作用。当个体意识到自身的时间有限时，会优先产生满足情感需求的动机，选择对自己最有益的社会交往，满足当下的情感需要。当个体觉察到自身时间充裕时，会优先产生获取知识的动机，扩大自己的人际交往圈，丰富自己的社会资源。"时间知觉"这个理念的使用使社会情感选择理论中社会动机和社会行为的关系更具逻辑性。

1999 年，Carstensen 等人发表了一篇文章：《认真对待时间：社会情绪的选择》。自此，社会情绪选择理论开始流行，并且为心理学及其他领域的研究提供了借鉴。

2003 年，Carstensen 等人进行了脸部图像记忆研究，发现老年人偏好积极信息，并且对积极图像的记忆并未因年龄增长而降低。这个结论与老年人优先选择带来积极效应的情绪满足目标不谋而合。除此之外，Carstensen 等人还陆陆续续地进行了很多与老年人心理认知有关的实验，很多结果都从不同的层面证实了社会情绪选择理论的合理性，也丰富和发展了社会情绪选择理论。至今，关于社会情绪选择理论的探讨仍在继续。

第二节　社会情绪选择理论的人物观点 ·······················■

社会情绪选择理论是一种关于老年心理学的理论。该理论的实质是一

---

① 刘晓燕，陈国鹏．社会情绪选择理论的发展回顾［J］．华东师范大学学报（教育科学版），2011，29（1）：47-53.

种社会生命动机理论，它结合了社会学、生理学、心理学等学科的专业知识与实验研究，系统、完整地阐述了年龄对社会目标的影响，进而导致行为不同的理论。

一、社会情绪选择理论的理论假设

美国斯坦福大学的劳拉·卡斯滕森教授为社会情绪选择理论的主要领军人物。他提出，这一理论的本质，即由于年龄的不断增长，人们意识到自己所剩的寿命时间变得越来越少，导致实现不同社会目标的先后顺序发生变化。根据先前的学术探索，他们提出了三个假想：第一，社会互动无时无刻不存在于人的生命之中，人们进行社会交往的需求层次不断提升；第二，人类社会行为的产生是由外界刺激所引发，驱动人们去实现期盼的社会目标；第三，认为人类生命中设定了无数个目标，但所剩生命时间的长短会影响人们社会目标的选择。[①] 劳拉·卡斯滕森还认为，如果人们觉得所剩生命时间越有限，他就会越注重情感状态目标的实现，而不是其他类型的目标。

二、社会情绪选择理论的核心概念

这一理论的主要观点是，时间知觉对社会目标的选择发挥重要作用。下面将通过两个方面进行阐述。

（一）时间知觉

时间知觉是复杂知觉的一种，对人的情绪情感和意识有较大的影响。理解时间的能力是人类的关键技能，对我们认识了解这个世界，获取外界信息起到重要作用。时间知觉利用时间维度，可以分为三大类，即过去、现在和未来的时间知觉。这里的时间知觉具体来说，指的是对未来时间的判断力。未来时间判断力（Future Time Perspective，FTP）指的是人们对将来所剩生命的认知能力。

---

① 伍麟，邢小莉.注意与记忆中的"积极效应"："老化悖论"与社会情绪选择理论的视角［J］.心理科学进展，2009，17（2）：362-369.

　　早期的社会情绪选择理论主要集中于衰老心理学这一学科门类，而未来时间判断力则代表了个人生存的主观感知。由于社会研究的步伐不断加快，不同领域的社会科学学术研究开始广泛运用未来时间判断力这一术语，并逐渐应用于各种情境之中。如今，未来时间判断力不仅仅指人们对未来剩余时间的感知能力，还指对某一事件终止的感知。

　　根据生活经验，通常来说，老年人会明显地意识到剩下的生命是相对有限的，但是对于年轻人来说，他们则会把未来的时间视为无限的。不过，根据研究发现，未来时间判断力强弱与年龄大小并不呈正相关。有以下两种情况，一种是在某些生命即将逝去的情形下，年轻人也会意识到时间对未来目标的限制，比如，处在战火之中，遭遇恶劣天气与自然灾害，即将被执行死刑等。另一种是研究员可以运用实验手段，介入改变老年人的未来时间判断力，从而提升老年人对生命剩余时间的感知能力。[①]

　　（二）社会目标

　　社会情绪选择理论将人们的社会目标归为以下两大类别：知识获取目标和情感调控目标。

　　知识获取目标以获得知识为最终需求，由于对外界知识的渴望，驱使自己获得感兴趣的各个学科领域的知识。人们对知识的获取属于认知的过程，人的一切认知都来源于实践，活动知识有以下两种方式，一是通过自己实践、亲身体验去获得知识，或者通过借鉴他人，从书本上学习获得知识。二是利用直接经验从源头中取水，或者通过间接经验从支流取水。

　　情绪情感指通过与其他个体、群体社会互动而产生的观点、态度、看法，比如产生对异性的爱慕、对外界稀有事物的兴趣和浓浓的家国情怀与人文关怀。情感调控目标旨在管控上文所述的各种各样的情绪情感状态，实现趋利避害。具体呈现为抑制消极心态，保持积极的态度，调节复杂的心理活动，保持正确的认知，进而实现生命的自我价值。

　　在心理学的认知层面上，时间认知评估有助于在长期目标和短期目标之间找到平衡点。当人们觉得未来的时间足够了，就会更加关注未来，去实现与知识有关联的目标，即知识获取目标，目的是追求新知识，提升自

---

　　① 邢采，蔡嘉杰，王文君，孙健敏. 未来时间洞察力与决策判断［J］. 心理研究，2013（3）：51-56.

身技能。而当人们认为自己的时间非常有限时，他们就会通过与他人沟通去改善自己的感情状态，并将情感目标摆在第一位。他们树立以情感管理为导向的社会目标，寻找亲密的情感，满足多种情感的体验，实现生活的真正价值和生命的意义，即为当前导向的目标。获得知识和管控情感的驱动力共同筑造动力系统，在生命过程中引发社会行为。在特定情况下，知识相关的目标与情感管控的目标互相抵触。个人在丈量了两种目标的重要性后，就可以作出选择，并产生相应的行为反应。

社会情绪选择理论认为，对于所有年龄段的人来说，两个社会目标的权重取决于个体对剩余时间的理解。年轻人认为未来时间比较充沛，他们会优先选择知识获取目标；而老年人则恰恰相反，偏向将情绪管控确立为未来的目标。老年人对情绪情感相关社会目标的渴望越加强烈，对追求知识相关社会目标的渴望也随之削减。

应当指出的是，获得知识的社会目标和与情感管控的社会目标之间有密切的联系，它们并非完全不同、相互独立。严格来说，这两种目标引发的社会行为均带有情绪情感的要素。老年人与年轻人相比，老年人将自己的未来视为有限的，认为时间是白驹过隙的。年轻人感知时间是无限的，即为来日方长，生命漫漫。老年人对生命的定位主要在现实中，年轻人将生命的期望寄托于未来的漫长岁月之中①。

第三节　社会情绪选择理论的实际应用

本节将介绍一个通过运用社会情绪选择理论进行社会工作实践的案例。

所选的案例是，一位老人上当受骗后，社工参照社会情绪选择理论对其进行个案辅导，重新建立李大爷对他人的信任，增强其社会适应能力。

70多岁的李大爷，老伴已经去世，子女也不在身边，平时一个人很孤独，他的爱好就是看电视。一天，他慌忙跑去派出所报案说自己被骗了4

---

① 敖玲敏，吕厚超，黄希庭．社会情绪选择理论概述［J］．心理科学进展，2011，19（2）：217-223.

万多元。起因是他在看电视时，偶然看到了一则广告，是治疗腿疼的。李大爷的腿经常在天气不好的时候疼痛难忍，而广告介绍的产品声称对腿疼十分有效，他立马拨打了广告上的电话号码，把自己的姓名、地址、电话都告诉了对方。没过几天，他就收到了一台腿部按摩仪，这台仪器是货到付款，李大爷付了1500元。在这之后，一名自称是医生的人经常给李大爷打电话，关心他的生活，对他嘘寒问暖，告诉他如何使用这台仪器。时间一长，他们的关系越来越密切，李大爷便称呼医生为小王。一段时间之后，小王给李大爷寄了治疗腿疼的膏药，这一次李大爷付了600多元。过了几天，小王又寄来了一个产品，李大爷又付了700多元。在此之后，小王又寄了几次东西，从几百元到几千元再到几万元，最后加起来的数目竟然达到了4万元。李大爷十分焦急地对民警说，小王说这些东西都是送给他的，这些钱等到一定的时间都会退还给李大爷，不会让李大爷自己花钱的。小王还告诉李大爷，其实他的钱的返还已经到时间了，但是由于还差一点钱数，所以还让李大爷再进行支付。在李大爷支付了几次之后，小王并没有返还给他的钱。李大爷在小王一次又一次的食言中，终于想明白小王是在骗他的钱。最终，李大爷决定到派出所报案。而小王的欺骗，让李大爷感到失落，认为自己太容易相信他人，从而也给家庭造成了损失。民警了解到这一现象，联系了社会工作者来帮助李大爷。社会工作者在与李大爷的交谈中得知，小王对李大爷的嘘寒问暖，让李大爷感觉受到了他的关心，认为小王是真心为了他的健康来帮助他的，并且小王说将这些保健品送给李大爷，更是降低了他的防范。

社会工作服务的总目标：采用合理的干预手段，帮助李大爷消除心里的失落感，使他意识到是因为年龄的关系而造成的识人不清，重新建立李大爷对他人的信任，与李大爷的家人联系，告知其家人加强对李大爷的关心。

社会工作者通过对社会情绪选择理论的运用，合理地解释了李大爷的行为。由于年龄的增长，老年人高度重视情绪和情感的满足，他们经常会花费更多的时间和有奖赏价值的、熟悉的社交伙伴相处，能最大限度地提高积极情绪体验、把情绪风险降至最低①。由此可以知道，对老年人来说，他们观看电视的目的不在于获得知识，他们的目标在于获得积极情绪体验。并且，老年人更容易相信陌生但亲切的面孔，也就是说，即使一个骗子的谎言根本不可信，甚至是十分拙劣，但仍然有许多老年人愿意相信，因为他们不会去分析骗子所说内容的真假。社会工作者在解决这一问题的过程中，重视了老年人进行决策中情绪的作用，告知老人这是随着年龄的增长不可避免的事情，鼓励他不要感到失落，叮嘱老人如果以后再有类似事情发生，要与家人进行商讨。更重要的是，随着人逐渐衰老，老年人会感受到未来时间的有限，社会网络也会缩小，更喜欢与熟悉和亲密的人接触。所以，老人的家人要更多地陪伴他，给他以足够的关心，多帮助老人与亲友建立感情联系。

在整个过程中，李大爷和家人亲友都非常配合。通过一段时间的干预，李大爷的失落感逐渐减少，认识到自己是因为到了晚年，内心更加渴望家人的关心和照顾以及与亲戚的亲密交往，而骗子正是利用了这一点，对老人嘘寒问暖，所以才会被骗。现在他和家人的关系变得更加亲密，对陌生人的防范意识也有所提高，恢复了正常的生活。

第四节　社会情绪选择理论的影响与评价 ....■

一、社会情绪选择理论的影响和发展

本理论主要针对老龄化问题及老年人自身，对于老年人和老龄化社会来说有一定的影响。

社会情绪选择理论是老化心理学领域一个较有影响力的理论，该理论是研究者在理解老年人老化过程中探索出来的，对于社会目的确定、社会交流交往和情感自我管理提供积极有益的启示。在未来时间洞察力与社会

---

① 敖玲敏，吕厚超，黄希庭．社会情绪选择理论概述［J］．心理科学进展，2011，19（2）：217-223.

目标选择之间创建了合理关系，对"老化悖论"和情绪"积极效应"进行了合理的解释，引发了大量的研究，为解释人们的发展提供更佳的理解，也推动了相关的实践研究，例如，通过根据一系列较大型公共事件进行人们心理和决定的实践探讨、处于危险当中如重病时情绪反应以及决策偏向研究等。然而，该理论依然不够完善，自我情感管理水平的提高应该在哪一认知功能减弱中得到增强？未来时间洞察力的预测作用是否存在普遍性？所以该理论应该进一步去实践论证，而且该理论在某些方面还存在需要进一步改善的地方①。

从目前来看，社会情绪选择理论的研究分为两方面，一方面是探讨老化过程中社会关系网络的特点；另一方面是探索在未来生命即将到达尽头，老年人如何去调整社会目标，如何有效管理好自己的情绪。但这两类研究中大多是根据年龄的差异，很少根据性别的差异，为不断改进该理论，还需要从不同方面收集研究资料和实践数据。此外，有研究者认为时间洞察力中出现了性别差异，社会情绪选择理论的重要概念之一就是时间洞察力，该理论在未来的实践探究中应当考虑性别差异问题，对社会交往中男女之间不同的反应以及情感管理理论进行区别探讨，从而不断完备社会情绪选择理论。情绪功能的加强与认知过程中的减弱相反，这一研究引发了人们对于利用情绪和认知过程的领域中出现的潜在变化的兴趣。从目前来看，老化研究要么对情感产生过程进行研究，要么对认知过程进行研究，但没有将这两方面结合起来，所以未来的研究将会延伸到探究情感和认知共同作用的加工方式②。

社会情绪选择理论对老年人的情感表达及认知水平作出了较为突出的贡献，对"老化悖论"和"积极效应"提出了合理的阐释，为人们的毕生发展注入了动力，也引发了许多实践研究，如研究人们对广告语偏爱程度，社会重大事件，如SARS和"9·11"事件对人们的决定和心理层面的研究，对身处危险时刻如重病等时的情感反应以及决定偏向的研究。因此需要在其他地方探讨情绪倾向在情境中的作用，从而完善和发展社会情绪选择理论。

---

① 陈永进，黄希庭. 未来时间洞察力的目标作用［J］. 心理科学，2005（5）：1096-1099.

② 吕厚超，黄希庭. 时间洞察力的理论研究［J］. 心理科学进展，2005，13（1）：27-32.

二、社会情绪选择理论的评价

首先，社会情绪选择理论的验证研究存在一定的缺陷，需要与当今社会现实结合来不断丰富发展本理论。目前该理论的实践研究多数来源于国外，研究资料主要是对老年人和年轻人的对比，有些资料数据比较陈旧。随着社会的发展，过去的研究结果不再适用于现今。目前这类研究在国内较少，如果从我国目前的人口特点以及我国的文化习俗、生活氛围等因素进一步来验证该理论，不仅可以为相关学者提供新的研究方向，还能够完善我国老龄化研究的内容。研究表明，未来方向与幸福感之间成正比，这需要我们着重关注期望和未来目标对于维持身心健康、积极的态度和幸福心理的影响。因此，可以将社会情绪选择理论与老年健康结合起来进行研究，为探讨实现老龄化的方法提供理论支持。

其次，该理论从生理研究角度来研究老化过程，情感表示和认知水平的影响也至关重要。关注积极信息通常会有利于提升幸福感，但是也可能出现消极的方面，其中涉及的重要部分就是决策，尤其是对于积极特征和消极特征同时出现的选择。消极特征对于决策往往有较高的判断价值，而这与老年人的正面偏向发生了矛盾。如果人们较多关注正向特征，能否通过改正指导删除这种反应？根据结果来看，老年人相比于年轻人来说，回忆积极信息的比例更大，在重复提示被试验者"关注事实"的研究实践中，对正向信息的偏向会消除。老年人更加注重于情绪目标会影响他们的决策，但是老年人对选项的积极特征分配更多的关注，是否意味着这些特征对他们作选择时更重要呢？如果在决策中能出现积极效应，那么正面效应与较差的决策相联系是由于对负面材料产生的关注较少，还是选择正向的方面导致了更好的决策呢？这些都是未来需要进一步探讨的问题①。

理论的准确性是长时间的、烦琐验证的过程，而目前关于该理论的证明主要来自收集总结经验和对老年人与年轻人在认知过程方面的实践研究，但没有得到确凿的结果。而且在目前研究中，该理论应用还存在局限

---

① 申继亮，陈勃，王大华. 成人期基本认知能力的发展状况研究 [J]. 心理学报，2000 (1)：54-58.

性，如挑选的被试验者相比较而言过于密集，研究方法、研究领域较为狭窄，这需要延伸被试验者的性别等相关特征，不断完备研究方法和研究领域。尤其是随着认知水平和神经科学技术的发展，使用先进科技产品和设备来发现动机和情感表达对于老化认知过程中的影响也是非常关键的方式。

思考与练习

1. 简述社会情绪选择理论重要的理论基础。

2. 简述社会情绪选择理论的核心概念。

3. 结合实际，分析社会情绪选择理论的实际应用。

4. 简要评价一下社会情绪选择理论。

第十五章

年龄分层理论

第一节　年龄分层理论的形成与发展

　　年龄分层理论又称年龄社会学理论，起源于 20 世纪 60 年代，是 60 年代末以来在美国发展起来的一个社会学分支。年龄分层的概念由美国学者马蒂尔达·怀特·莱利首次提出，并于 1972 年和 A. 福纳（Foner）正式提出年龄分层理论。

　　20 世纪初已有学者开始从事现代老年医学与老年保健研究。早在 1909年，纳舍（Ignatz L. Nascher）便提出"老年病学"（Geriatrics）的概念，并首创"老年学"（Gerontology）一词，前者主要是对老年阶段的医学治疗进行研究，而后者则主要研究的是老年人及其老龄化的进程。到了第二次世界大战前后，随着美国医疗工业的逐步发展与完善，年龄结构也发生了显著的变化，医疗的进步使老年人的数量占比增加，社会的老龄化问题日渐严重。老年学逐渐成为一门学科，社会学界也出现了一批学者致力于研究老年社会学。1943 年，老年社会调适委员会（Committee on Social Adjustment in Old Age）正式成立，首次有组织地尝试对老龄问题进行社会学方面的描述。1948 年，由波拉克（Ott Pollak）主笔的《老年的社会调适》（*Social Adjustment in Old Age*）出版，该书被称为老龄问题上第一部具有社会学意义的著作。1960 年，梯比茨（Clark Tibbits）在其著作《社会老年学》（*Social Gerontology*）中首次将老年学中涉及社会因素和社会力量的部分命名为"社会老年学"，建立一门关于老年社会问题的社会科学新学科。随着社会问题日益增加，科学技术的进步，医学的发达，人的寿命越来越长，社会上老龄人口比重增加，人口的老龄化过程已成为发达社会必然出现的一种趋势。到了 1972 年，美国学者莱利和福纳正式提出年龄分层理论，该理论以社会学创立的角色、地位、规范和社会化概念为基础，分析了年龄群体的地位以及各个年龄段在某一个特定社会背景下的含义，形成了一个理解老年人社会地位的框架和包括整个人生的老龄化概念。

　　年龄分层是指社会依据年龄将人口分成若干不同层次，并依次规定其社会角色、权利义务、地位、期望。年龄分层理论（年龄社会学）是用来解释人的行为与年龄之间关系的一种理论。该理论概括了大部分不同年龄时段所要扮演的社会角色、权力、机会和不同年龄层的能力及其贡献等，分析了不同年龄的群体在一个特定社会背景下的含义。

一般认为按年龄可划分为 6 个阶段。

0~12 岁——儿童：感知觉发展，逐渐形成自我意识和个性。

12~18 岁——青少年：主要任务为学习考试求学。

18~24 岁——青年：心智越加成熟，也具有一定的经济自由、情感自由。

25~40 岁——青壮年：成家立业、养育后代、结婚生子，承担好与家庭有关的责任。

40~60 岁——中年：家庭事业稳定，后代长大成人。

60~90 岁——老年：身体机能、社会地位和声望都在下降，要注重身体的保养。

华中师范大学历史文化学院的纪红老师认为年龄分层理论中"由不同人组成的群体""各年龄层的能力及其贡献和影响""年龄层的社会形成""与年龄层有关的期望"四个要素体现了生理人与社会人之间的关系。[1] 首先有一定的人口和不同年龄的群体，可以根据年龄划分成不同的年龄层，其中年纪、思想、经历在这其中是三个主要的特征。这些群体中的人处于较为相同的社会历史背景下，拥有相近的价值观念和思想。再者，各年龄阶段的人都具有不同的能力与期望，比如体力随着年龄的增长而下降是不可阻抗的自然规律；[2] 不同年龄层的社会期望也是不同的，儿童是"天真无邪"的代表，青年是"敢于担当，勤于学习"的代表，老年是"稳重沉着"的代表。其次是年龄段的存在。生理年龄在年龄分层理论中是重要决定因素，因为生理年龄会限制某些角色的扮演，比如男生在 22 岁、女生在 20 岁之后才可以扮演夫妻的角色；法律规定的工作年龄最低为 16 岁；事业编考试年龄限制在 30~35 岁等。最后，在社会发展中不同经济、科技、政治变化也会对不同年龄层的社会角色产生不同的影响，比如随着时代发展和科技进步，逐渐消失的信使、传呼员等职业。

---

[1] 纪红. 年龄分层理论与精准为老服务 [J]. 中州大学学报，2019，36（1）：70-73.

[2] 孙宝才. 体力与年龄 [J]. 北京体育，1983（6）：42.

这里有几个易混淆的概念区分。联合国世界卫生组织提出新的年龄分段，0~6 岁为婴幼儿；7~12 岁为少儿；13~17 岁为青少年；18~45 岁为青年；46~69 岁为中年；69 岁以上为老年。"年龄分段"从属于"年龄分层"，"年龄分段"相较于"年龄分层"种类多样且结构灵活细致，但是"年龄分层"的内容要相对丰富。年龄结构又称年龄组成或年龄分布，是指种群中各年龄期个体数在种群中所占的比例，不同年龄在种群内的分布情况，对种群内的出生率、死亡率有很大影响。①

第二节　年龄分层理论的人物观点

年龄分层理论最早是出自美国学者 M. W. 莱利（Riley）和 A. 福纳（Foner）的观点，该理论是以社会学角度研究建立的人物背景、社会地位、秩序和社会化概念为根基，总结概括了不同年龄群体的地位以及此年龄群在某个特定社会背景下所代表的含义，由此，一个理解老年人社会地位的框架形成，并涵盖了人生整体的老龄化概念。在他们的观点中，年龄分层在社会学研究中是一个普遍的现象，但是人们可以通过对这些规律的掌握，总结出不同年龄分层理论的观点，并运用在实际中，解决现实的问题。

亨德里克斯持有这样的观点：由不同人所组成的群体，这个群体可以按照年龄或其他发展标准划分为若干个年龄层（子群体），这些年龄层又可以称为"同期群"。在这个同期群中的人一方面处于生命过程的同一阶段，另一方面又因为拥有共同的经历而往往具有共性。② 这也就是说，研究者在进行分析社会的研究时，可以把从 0 岁到 100 岁的社会成员分成不同的年龄群，进而也能通过这些年龄群划分出不同的年龄所属阶层，再通过对社会分层理论的运用，从社会地位、收入、名誉、社会流动等方面继续开展相关的分析研究，从而把社会学理论应用到实践中去。每一个社会

---

① 岑芳. 新课程高中教师手册：生物［M］. 南京：南京大学出版社，2012.

② 乔恩·亨德里克斯，戴维斯·亨德里克斯. 金色晚年：老龄问题面面观［M］. 程越，译. 上海：上海译文出版社，1992.

成员的一生中都必然会经过两个过程，一个过程是人生经历过程，从出生到婴儿、幼童、少年，再到青年、中年、老年直至走向死亡；另一个过程是社会变迁过程，因为每个人都不能脱离社会，必然置身于一定的社会制度、社会组织、社会群体、社会圈的网络之中。社会变迁以及在这些层面的运行机制都促使社会成员在社会价值观、行为方面的变化。

年龄分层理论与我们每个人的生活都息息相关，贯穿着每个人的一生，发挥着不可估量的作用。从每个人出生的那一刻起，我们就做着我们"应该做的事"：呱呱落地时的那一声啼哭；婴儿时汲取营养不断成长；幼童时在各种活动中培养性格；少年时的拼搏学习来健全人格；青年时在跌撞前行中成家立业；中年时在变故中走向安稳；老年时在离别中体验人生……人在每个年龄阶段可能会经历不同的事情，但不同年龄群在社会活动中总会产生重叠，进而形成共性。

年龄分层理论在我国的历史长河中其实早有体现，并且绵延至今。最典型的比如孟子曰："老吾老，以及人之老；幼吾幼，以及人之幼。天下可运于掌。"这句话所代表的就是中华民族尊老爱幼的传统美德。而在现实生活中这也仿佛早已成了约定俗成的事情，尊敬长辈、爱护幼小，也成就了今天中国社会不同年龄群的生活秩序。在此间的生活中，孩子被爱护，老人被爱戴；孩子茁壮成长，老人安享晚年。这就是年龄分层理论在现实中的深刻体现以及对我国社会的意义。

类似的是《论语·为政》中曰："吾十有五而志于学，三十而立，四十而不惑，五十而知天命，六十而耳顺，七十而从心所欲，不逾矩。"这其实是年龄分层理论在关于人的社会经验方面的体现。这句话的意思是：我十五岁时立下了学习的坚定志愿；三十岁时学到了礼仪，从此说话做事都能知道分寸；四十岁时学习了各方面的知识，所以能做到心里不会疑惑不定；五十岁时便懂得了人各有命；六十岁时，只要听别人的一席话语，就可以做到分辨出真假，判定出是非；直到七十岁时，也就做到了能根据自己的心意办事，却又不会没有规矩。

第三节　年龄分层理论的实际应用

年龄分层理论的应用之一是精准为老年人服务。人口老龄化是世界性问题，对人类社会产生的影响是深刻持久的。根据年龄分层理论，每一个社会成员都会经历两个过程，一个是生命过程，从出生到死亡；一个过程是社会变迁，每个人都置身于一定的社会制度、社会组织、社会群体、社会圈的网络之中。这些都会促使社会成员在社会价值观、行为方面的变化。生命过程和社会变迁交织在一起，使每个社会成员分属不同的社会年龄分层。① 我们将这若干年龄分层成为同期群，在内外因素的干预下，同期群构成了处于社会不同层次成员在老龄化过程中的层次差异②。例如为60 岁到 100 岁的老年人提供服务，他们的年龄跨度大，他们生活的社会环境、历史背景不同，导致他们的思想观念、兴趣爱好、生活习惯都不同，为他们服务时不太可能精准化，最大限度地满足不同层次群体的合理需求。所以有必要细化他们的分层，以 15 年、10 年为一个年龄跨度，这些人处于生命过程的同一阶段，拥有几乎相同的历史环境和社会背景，具有相同的或近似的社会价值观或看法，所以可以最大限度地满足所有老年人的合理需求。

年龄分层理论的应用之二是有利于社会成员扮演正确的社会角色，发挥各年龄层的能力，促进社会发展。在年龄分层理论中，经济发展、科技水平、文化观念以及健康状况，都会对年龄层的能力及其贡献产生影响。在社会变迁中，每一个历史重大事件都对不同的年龄层产生不同的影响，导致他们对社会的作用也不相同。进行合理的年龄分层有利于发挥不同年龄层的作用，使不同的年龄分层承担相应的社会责任，完成社会对每个年龄层的社会期望。年龄层的社会形成，它是通过社会作用表现出来的，年龄可以直接起作用，比如成年人必须年满 18 周岁等。年龄也可以间接起作

---

① 张世平．年龄分层理论与青年研究［J］．青年研究，1988（3）：6-7.
② 纪红．年龄分层理论与精准为老服务［J］．中州大学学报，2019，36（1）：70-73.

用，如担任某一行政职务的年龄条件等①。以"年龄—角色"模式为基础，形成了一系列的社会序列和价值导向，即便某种社会角色与年龄关系不是非常紧密时，人们对某个个体能力和行为过程的评判仍会受到年龄的影响，年龄不仅是个人的特征，更是一个社会结构的基本元素②。根据同期群理论，处于一个同期群的社会成员拥有相同的历史背景、价值观念，他们的作用贡献也会相同。因此，正确的年龄分层可以给予社会成员正确的社会角色；社会也可以根据同期群表现出来的社会作用和特点为其设置社会期望，制定社会责任，规定这一同期群的任务，充分发挥这一同期群的作用，促进经济社会的发展。

年龄分层理论的应用之三是某一同期群的特点可以反映社会发展状况，有利于制度改良和更好地为人民服务。由于同期群生活在同一个社会背景下，所经历的历史环境、文化教育几乎相同，所以他们的性格、行为表达等呈现出某些共同特征，这些共同特征便是这一阶段社会发展状况的反映。在社会中扮演管理角色的人就可以根据同期群的状况，挖掘到社会发展的状况，洞察到社会发展状况可以了解发展中暴露出来的不足。

第四节　年龄分层理论的影响与评价

自 1999 年我国迈入老龄化社会后，老年人口规模逐步扩大，人口老龄化程度逐步加深。老龄化情况严重但老年问题却并未得到有效解决。老龄化不代表老年人不能发挥出自己的价值，通过年龄分层理论我们可以更有效地了解老年人的需求以及心理状况，提高老年人自身的价值感、参与感、认同感，让老年人能够真正融入社会大群体中。

通过年龄分层理论我们可以更精准地改善老年问题，通过年龄分层可将老年人这个大群体分成若干个小集体，针对各个小集体的不同特质和需求开展活动以及进行精准服务，如有些年龄相对较小的老年人，他们身体

---

① 纪红. 年龄分层理论与精准为老服务 [J]. 中州大学学报, 2019, 36（1）: 70-73.

② SCHULZ R. The encyclopedia of aging [M]. New York: Springer Publishing Company, Inc. , 2001: 46-49.

素质较好即可多多开展一些社会性活动，能够使自身得到锻炼。而对于一些年龄较大、身体素质不好的老年人，他们可能需要得到儿女更多的陪伴和照顾。

"年龄分层理论认为，年龄不是一种个人的特征，而是一个带有普遍性的标准，是现代社会各方面的一个动态成分。"① 俗话说"什么年纪干什么事"。其实，年龄限制不了什么，人生每个阶段都有自己的职责和任务，也有自己特定的角色，这句话只强调的是做事的合理性和人生的有限性，节奏是自己的，任何时间开始都不晚。年龄分层理论认为不同年龄阶段的人生经历和社会背景是不同的，所以老龄化形式也是有所分别的。在内外因素的干预下，同期群人群内部存在的能力差异、角色差异和期望差异（还有兴趣差异等）构成了处于社会不同层次成员在老龄化过程中的层次差异。因为年龄分层理论并没有充分地考虑到阶级、民族、社会背景等之间的差异，也没有考虑同一年龄层不同人的心理、生理等因素差异所导致的社会角色、权力、能力贡献等的不同，所以其理论有待于进一步完善和发展。

▌思考与练习

1. 如何理解年龄分层？
2. 论述年龄分层理论与老年服务的关联性。
3. 简述年龄分层理论的影响与评价。

---

① 纪红. 年龄分层理论与精准为老服务［J］. 中州大学学报，2019，36（1）：70-73.

第十六章

老龄化的政治经济理论

第一节 老龄化的政治经济理论的形成与发展··················■

老龄化政治经济理论关注的核心问题是老龄化给国家或区域政治、经济所带来的影响。

人们对看待和解释衰老过程的理论可以说是具有多样性的，不同的理论是在不同的发展中的。如最开始的衰老政治经济理论，其中的主要观点是社会阶级对老年人得到有价值的资源有着结构上的阻碍作用，与老龄化政治经济理论有一定的相似之处。与此同时，生命周期的观点中提出人的变化发展是多方位的、相互作用、线性作用发展的过程。生命历程资本是在生命历程研究中较为崭新的一个角度，此理论认识到人的一生中一定会存在着资源的交换且资本被分为诸多方面，同时揭示了包括环境因素在内的多种因素所导致的资本的不同。在这些理论之后的 20 世纪 80 年代，社会老年学理论又迎来了一次大的发展，诸如社会现象学家与社会建构学家更加注重于将目光投入对衰老的假设与解释。在现实生活中，布里姆利用生活记述手法辨别养老院老年人照料质量和生活质量的主观意义。如布里姆这样的社会建构者与社会现象学家强调的是个人的相互作用，所以他们更加倾向于使用民族志或更为质性的研究方法获取衰老经历的多方面观点。如戴蒙德通过参与观察的方式描述了养老院里社会结构与老年人位置的协商。同时据研究表明，社会对衰老的消极看法给社会政策的雇佣、公众感受与自我观念带来了一定影响。同时在一定程度上与衰老和社会护理相关的一些问题是由社会造成的。以上的不同理论说明了看待和解释衰老角度的原因。[①]

20 世纪 70 年代兴起的老龄化经济学的一个分支是老龄化政治经济学，围绕老龄化带来的政治关系、经济关系变化展开研究。当今社会，全球逐渐进入老龄化时期，老龄化的政治经济理论便显得格外重要，老龄化的政治经济理论主要观点便是当时的社会结构会对老年人获得有价值的社会资

---

① HOOYMAN N R, KIYAK H A. 社会老年学：多学科的视角 ［M］. 周云，等译. 北京：中国人口出版社，2007.

源起到结构性的阻碍作用，同时是对现有政治经济理论的一种批判。

老龄化是一个进程，在人口增长的背景下，老年人在总人口中所占比例不断增加。这一现象是由于保健水平的提高和生育率低造成的。人口年龄结构的变化与人口结构转型的趋势是一致的，老龄化对国家的社会结构和经济发展产生了更深刻的影响。人口老龄化是死亡率和出生率从高到低的变化，这是一个比以往任何时候都更为普遍的现象。中国人口的转变，是由于计划生育政策和社会经济发展的共同作用而导致的。人口老龄化现象的出现会导致劳动力人口数量上的不足和劳动质量的下降，老年人口的比例上升会导致劳动岗位的缺失或者工作效率的下降，从而会影响社会生产活动的良性运转。

就业人口结构的老龄化可能对经济发展产生深远和沉重的影响，这种影响可以从劳动力和科学技术水平的变化中看出来。一方面，随着年龄的增长，劳动力的体力越来越小，效率越来越低，人类的记忆也随着年龄的增长而下降。另一方面，劳动力年龄越来越大，接受新的科学技术水平的能力就越来越小，适应新兴工业的能力也越来越小，整个社会的创新能力就会不够强。在大多数情况下，50 岁以后，再接受新理念、新方法，学习新技术、新软件，拓展新思路、新领域的可能性都会下降，年纪越大影响越显著。老龄化社会对企业发展发生了潜移默化的消极作用。

人口老龄化现象将会对社会经济发展造成一定的冲击。在老年人逐渐退出生产领域之后，由于其经济地位和经济收入的变动，他们对市场的需求量和购买力也持续下降，随之会在一定程度上影响市场经济。人口老龄化现象也反映了人口年龄结构的变化。通常人口发展的普遍规律基本可以分为三种：第一种为人口极度年轻化，第二种为人口年轻化，第三种为人口老龄化。形成人口老龄化需要很长的时间。比如，瑞典人口老龄化现象的形成，经历了从 1820 年到 1885 年共 65 年的时间。英国人口老龄化现象的形成，经历了从 1851 年到 1931 年共 80 年的时间。日本人口老龄化现象的形成经历了从 1956 年到 1970 年共 14 年的时间。

第二节　老龄化的政治经济理论的人物观点

　　人口老龄化已成为人类普遍面临的一个问题，它是人类社会发展的结果，也是生产力水平提高的必然趋势。进入 21 世纪后，无论是日本、美国、法国等发达国家，还是中国、古巴等发展中国家，都面临着人口老龄化对经济和社会发展的影响。[①]

　　老龄化经济学是专门研究老年阶段人口经济关系的边缘学科，主要内容包括劳动力供给与需求、经济增长、产业结构、社会保障等内容。主要的著述有 1976 年舒尔茨的《老龄化经济学》、克拉克和斯彭格勒的《个人和人口老龄化经济学》。老龄化经济学有两个主要的领域，第一个是传统的经济学，第二个是老龄化政治经济学。老龄化政治经济学主要关注的是代际关系调节，以研究代际之间的经济关系及其政治和社会关系的建立为核心内容。老龄化政治经济学未来的趋向包括回归政治化、综合性政策研究、对于老年消费市场和老年产业研究的加深。

　　大多数研究者关注人口老龄化对经济发展的负面影响。人口的老龄化代表着劳动力减少，对老年人的支持成本增加，以及对老年人的社会保障支出的增加，所有这些都将对我们的经济发展产生负面影响。人口老龄化给经济发展带来的阻力表现在以下几个方面。第一，人口老龄化导致青壮年人口减少，造成劳动力缺失。人口老龄化必然会降低劳动力的比重，导致劳动力在经济发展中的不足，劳动力是经济发展的重要因素，直接影响着我国经济的发展。第二，人口老龄化增加了政府的财政支出，加重了财政负担。为了让老年人安享晚年，政府需要把大量的财政收入用于养老服务业，从而增加了我国政府的财政负担，大量缩减了我们国家对经济发展的投入。人口老龄化不可避免地导致国家加大对老年人生活的保障，减少了国家对经济的财政投入，不利于中国经济的可持续发展。第三，人口老龄化对储蓄和税收增长将产生负面影响。从经济学的角度分析来看，居民

　　① 牟影影 . 人口老龄化对经济增长影响的经济学分析 ［D］. 大连：东北财经大学，2013.

的可支配收入水平可以分为储蓄和消费能力两部分。储蓄是投资的基础，只有当储蓄有所增加时，居民才有可支配收入投资，为经济的稳定发展作出贡献。人口老龄化不利于我国居民储蓄率的提高。人口老龄化相当于老年人数量不断增长，老年人可支配收入下降，用于储蓄的资金从而也会减少；同时由于身体原因，老年疾病增加、自理能力降低，需要动用过去储蓄的资金，这会更加有效降低储蓄率，对经济快速发展过程产生消极因素影响。此外人口老龄化还会降低政府财政收入，纳税人在生产劳动中所占的比重，为了增加税收，政府必须提高税率。这既不利于提高劳动者积极性，也会使我国企业负担加重，给经济快速发展带来阻力。

人口老龄化给社会发展带来了巨大问题，也为经济发展带来机遇，如为经济社会发展带来一定的动力。第一，老年人的消费促进了经济增长。随着中国人口老龄化速度的加快，政府对老年人相关消费的投资不断增加，老年产业已成为"朝阳产业"。目前，我国的老年消费市场已经上升到1万亿元，充分利用这部分市场可以促进国内需求，为经济发展提供动力。第二，老年人已成为经验丰富的劳动力。老年人的能力发展远不如青壮年人，但老年人有着年轻人没有的工作生活经验以及管理工作人员技能；同时，老年人的经济环境负担比较小，大多数老年劳动者退休后被返聘到工作单位之后，更加注重于对社会的贡献，可能创造出比年轻人更多的贡献。第三，老年人可以让年轻人得到放松，减少工作中的压迫感。在当今的市场经济中，社会竞争十分严重，经济的快速发展加剧了年轻人的工作压力。很多企业发展老年员工有利于解决这种环境问题，一方面，老年人可以用丰富的人生阅历教导年轻人，减轻经济社会市场竞争给我们国家带来的压力；另一方面，老年人通过帮助年轻人抚养小孩，可以让年轻人在工作中得到放松，减轻压力，从而更好地提高效率。

第三节　老龄化的政治经济理论的实际应用

人口转变是指人口再生产模式的转变，人口老龄化是人口转变中最重要的一部分，人口的老龄化通常会带来诸多后果，通常会导致经济发展的重要推动力——科技发展得到迟滞，但也由于其青年时的积累，会对生产效率的提高起着促进作用，同时也会导致在分配领域的分配变得较为不同，商品结构方面更多地倾向于老年人所使用的物品与服务，同时老年消费的市场得到极大的增长，老年人常被当时的制度以及当时社会的主导阶级限制，是一种实际上的社会控制，强化了老年人的边缘地位，以便于为社会提供工作岗位的同时满足主要的经济需求。①

本节所选案例是一位退休的丁克女性在退休后安逸的日子里，无所事事，无法找到自身拥有的价值。

王太太曾是企业的一名中高层管理人员，辛辛苦苦打拼多年，在退休后领取着较高的退休金再加之社保以及自身的积蓄，物质生活较为宽裕，但由于其年轻时期思想较为新潮，选择与老公不生养孩子，导致其并未有下一代，日常生活中只能与电子设备或者是与同一小区的同龄人进行娱乐，同时由于她年龄增长，在日常生活中的精神压力越来越大，导致她开始有些郁郁寡欢，变得不爱与他人交流。王先生看到妻子一天天消沉十分着急，通过与社区的老年人服务机构联系，徐老师接待了王先生，并与他初步交流了王太太现在的情况。第二天，徐老师就去了王太太的家中了解她内心的烦恼，一开始王太太较为抗拒与他人交流自己的真实想法，但当徐老师表示会尽力帮她之后，王太太开始逐步袒露心扉，徐老师逐步了解了其内心的真实想法。通过与王太太的交流，徐老师确定了干预计划的目标。

总目标：采用合理的手段，帮助王太太缓解抑郁情绪，以及纠正对自我的错误认知，同时使其摆脱错误观念对她的影响。具体目标一：使她得到自身缺乏的成就感等；具体目标二：摆脱社会相关制度对她的压制，使其认识到衰老在某些阶段的好处。

在王先生的配合和机构的支持下，徐老师与王太太制订并实施了相关计划。首先采用认知重建法，帮助王太太找出认知问题所在。通过与王太太进行交流，徐老师向她阐明了其本身出现的问题有相当一部分是由于社会观念制度的影响，使其改掉了消极的行为模式，重新找回了信心，不将一切事情归咎于年龄。其次，针对现在老年人的边缘地位，在当地进行养

---

① 曹东勃.人口转变与老龄化后果的政治经济学分析［J］.中央财经大学学报，2011（11）：68-73.

祖父母计划，将老人与小孩子配对，使其在与小孩子的交往中得到久违的成就感，同时打破旧有观念，将老年人富有的非物质资源进行交换。在整个过程中，王太太积极配合，通过一段时间的干预，王太太认识到自身的价值，看到美好的未来，恢复了往日的自信。

第四节　老龄化的政治经济理论的影响与评价 ⋯⋯⋯⋯⋯▪

老龄化的政治经济理论对政治经济产生了深远的影响。老龄化的政治经济理论的主要思想是试图改变社会结构。这一愿景为子孙后代提供了管理和改革老年人社会的方法，并为减缓衰老提供了指导。社会结构是研究社会变革最重要的工具。一方面，对社会结构分析是认识许多社会现象的出发点；另一方面，理解和分析社会结构意味着调整、塑造和分析社会结构。

老龄化导致社会政治和社会经济结构的逐渐变化，也将对我国政治和经济产生重大影响。社会结构的变化首先导致劳动结构的全面调整和优化，使就业更加合理。社会结构的变化也使社会组织能够积极恢复工作，鼓励经济体制改革。老龄化的政治经济理论可以帮助持续反思如何减少老龄化对社会经济发展的重大影响，从而有助于在困难的情况下继续改善国民经济发展的整体环境。

老龄化的政治经济理论是对社会保障政策的批判。而人口老龄化给国家、社会和经济发展带来了巨大挑战，但与此同时，人口老龄化也带来了经济向好的可能性。老龄化的政治经济理论分析了这一机遇。事实上，我国的人口老龄化所带来的各种老龄问题也是重大的社会民生问题之一，是关乎国家长治久安的重大社会问题。

老龄化的政治经济理论一方面为老龄化社会治理提供了政治经济方面的理论参考，同时对推动养老产业产生和发展，对推进社会养老进程和健全医疗保障起到了至关重要的作用，大幅度地缓解老龄化对社会发展的负面影响。另一方面它并不能从根本上解决人口老龄化的状况和略失偏颇的社会结构这些根本性问题。

▎**思考与练习**

　　1. 论述如何运用老龄化的政治经济理论解决我国老年人口面临的问题。

　　2. 简述人口转变和人口老龄化的关系。

　　3. 试述老龄化的政治经济理论的影响评价。

第十七章

现象社会学与社会建构学理论

第一节　现象社会学与社会建构学理论的形成及发展..........■

随着时光的向前推移，科学和人类社会文明飞速进步和发展，有不少被大家推崇和相信着的科学"真理"没有被彻底推翻，也有许多"科学谬误"没有得以证明。这令人也不自禁地去想，这世界到底谁是真正的存在着的又或是被谁建构的。① 不少来自西方国家的研究者首先就该次议题进行了广泛深入的研究，逐步地建立起了解释能力相对较强的新型"建构主义理论"。

自20世纪70年代中期起，社会建构主义就已经在社会许多重要领域中流行起来了，包括知识社会学理论（以科学知识社会学为典型）、心理学、文学、哲学、心理学等。20世纪八九十年代中期开始，西方的社会主义理论开始出现了许多的新形式的发展变化，尤其是受后现代主义、后人文主义等观念的影响，西方社会理论在基本观念、理论取向及其特点等方面均与传统理论产生了鲜明对立。其中，社会结构理论已经作为一个力图彻底突破传统社会理论框架的新观点获得了广泛流行。正如社会学理论家们所明确指出的问题："社会建构论已成为当代社会科学中具有很大影响但也极具争议的思潮的统称。"②

对于实证主义哲学的反思正是西方近代哲学建构主义思想的起源。实证主义的传统占领了整个科学领域是从孔德开始的。20世纪初期韦伯首次提出了理解社会学。他还指出，社会行为中的行动给被支配行动中的个人行为带来了一种主观上的意义，瑞士的哲学家皮亚杰（J. Piaget）则是社会建构主义最早的提倡者。皮亚杰教授的认知学说中反映出了古今中外很多的辩证唯物法，皮亚杰教授坚持着以内在因果与内在外因的两大方面起共同作用的辩证观念来研究儿童早期的心理认知发展。在皮亚杰看来，孩子们是通过在自己和外界环境的互动交流过程中，逐渐地建立起了对外面世界的初步认识，这样做可以逐步使他们自己的心理认知的结构得到

① 文军．西方社会工作理论［M］．北京：高等教育出版社，2013.
② 苏国勋．社会学与社会建构论［J］．国外社会科学，2002（1）：4-13.

发展。

现象社会学理论也是西方现代社会学理论体系框架中的重要理论，在20世纪30年代初步形成，20世纪60年代中期逐渐流行。代表人物则主要是社会学家舒茨及加芬克尔等人。从19世纪初开始，一直处于绝对主导地位的是一种倾向于实证主义的研究方法。实证主义者提倡人们以一种自然科学研究的新方法模式来探究社会现象。实证主义者强调和保证了结论本身的绝对客观性和绝对科学性，以至于完全忽视掉了一切社会现象本身的主观性。舒茨以韦伯提出的现象学理解的社会学理论为理论基石，利用胡塞尔现象学的基本概念方法和思维方式来研究各种社会现象及其所能产生出来的社会含义，最后他精练深刻地总结归纳出了一种完全基于人类主观社会意义上的社会科学，由此而形成了现象社会学理论。

现象社会学理论形成的另一个重要标志事件是舒茨所发表的《社会世界的意义构成》一文后以同名专著形式出版。舒茨被国内外不少学者誉之为现代德国现象社会学理论和研究方法的创始人和代表人物。

舒茨在20世纪早期就研究到了现象学，并用辩证分析现象学的基本方法来分析胡塞尔的意向性学说。舒茨还试图将主体间性关系等的许多理论范畴带进现代社会学研究，力图尝试把其社会学理论思想和由马克斯·韦伯所提出来的关于社会学"理解"问题的新概念理论思想相结合，主张要让现代社会学理论重新建立回归到人们日常生活世界背景中去，开创出了西方当代的社会学理论研究中一种新的理论走向。现象社会学一个基本的问题是指，我们怎样才可以使一个问题按照现代自然科学方法所建设发展出来的现代"社会学"事业从总体意义上来说不会再变成一桩完全错误的科学事业，或指如何才能选择出一个专门研究人类社会科学现象问题的科学方法并使其工作更广富实效。现象社会学也力图从中选择出一个植根于社会现象的独特理论的理论基础，强调根据这一特点要求采用一种不同于其他自然科学理论的方式。这些方法论使得它更重视社会现象本身内在意义的特征。就是因为从这一意义上，现象社会学才能将胡塞尔的先验现象学理论和马克斯·韦伯提出的理解现象学的社会学理论紧密地联系起来。

第二节　现象社会学与社会建构学理论的人物观点 ......■

现象社会学研究对象即为生活世界。舒茨以建立一种类似"生活世界"这样完整的现代社会学概念体系，来逐步地取代传统西方现代社会学理论体系中所谓的"社会"的概念。他认为西方现代社会学基本理论体系一个主要的研究对象应该是"社会"，其研究的客体应该是"生活世界"。

舒茨也曾经尝试并使用过"社会世界""常识世界""日常生活世界""日常世界"的概念。"生命世界"就是指当人类生命存在时人们所必须要去经历感受到的具有某种直接意义的生命世界，或者是具有某种直接意义生活主体的生活经历过程中形成的具有意义的生活，是主体相互联系着的意义世界。生命世界中所谓的各种现象世界也就是指在生命实存过程中形成的各种带有生命直接性特征存在的现象世界。

舒茨所分析探讨的并非生命世界存在的一个客观的现实，而是一个生命世界存在的主体意义。生活世界的实质即是一种"同感现实"，即在人类生活与人类生存的世界之间的相互交往过程中产生出来的一种共同的感觉、价值观和意义。这属于唯物观点的思想。现象学的研究方法与其他社会学的研究方法的内在系统相关性都是出自人们对社会主体及其之间关系的共同兴趣。现象学的最高洞见之一是直指主体间性的中心，并试图把对自然的态度与对超验性的自我的现象学还原于特性之间而又互为主体。

舍勒认为，没有必要求助于假设中的移情功能来解释社会生活主体间性的特征，社会互动建立在真正集体和共有的精神上，即同情心或同理心上。狄尔泰和韦伯却认为，投射的理解与假设的移情性理解，提供了一种理解我们自己经验范围外精神意义的方式。1939 年，舒茨到达美国，现象学开始了它的本土化历程。舒茨将主体间性构建为社会建构的现象，即被构建与主动重建的实在。舒茨将现象学与美国社会学进行合并，标志着一次重要转向，即现象学脱离了欧洲现象学思想的发展，转型为一种社会理论。

老年人理论正是从这一观点出发。老年人，按照心理学的定义，成为

"成年晚期"一般是指 60 岁以上的阶段，这个阶段显著的特点就是各项身体机能大幅度退化，易产生消极的情绪体验。步入老年之后，首先是生理上的老化，其次是社会角色地位的变化，再加上生活掌控感的降低等，各种"丧失"接踵而来，因此在情绪上会表现得比较低落。在个性上，会变得小心、谨慎、固执、刻板等。从现象社会学出发，以老年人为落脚点，强调老年人的主体间性。老年人作为社会建构的实在，要切实地解决他们的问题，要关心其社会需求。社会的变迁和变化对老年人的冲击是一定的。要不断刷新我们对老年人的思想立场、改变态度，理解他们的行为和思想，同时帮助他们融入这个世界，跟上时代变迁的脚步。所以这便是舒茨提出的"在社会世界中解释个体行为，以及个体赋予社会现象意义的方式"。

第三节　现象社会学与社会建构学理论的实际应用

在建构主义的影响下，产生了三种社会工作模式：家庭治疗模型、叙事治疗模型和优势视角。

首先，从家庭治疗模式来看，建构主义的关注点主要是探索与人有关的问题以及人们对赋予问题的假设。若将此运用到老年群体的身上，社会工作者则需要更加注重与老年人沟通的过程，与他们进行良性互动构建，关注谈话内容，关注谈话之间的你来我往。家庭治疗模式最常用的解决方式之一是重新解构传统家庭中的沟通模式，重建一种新时代的家庭沟通方式。从此模式上看，个人问题仅仅是一个表象，导致服务对象产生个性问题的最真实因素其实是家庭问题。家庭系统、家庭结构等概念是家庭治疗的核心概念，家庭成员问题的出现往往是由于家庭没有发挥出其应有的功能，或者是家庭结构上有不合理的现象发生。常见的不协调的家庭结构有纠缠与疏离、联合对抗、三角缠、倒三角等①。这种社会现象的频繁出现也往往需要一个社会工作者能够通过社会工作对整个社会家庭生活全面介入，帮助社会家庭改善社会交往模式，从而构建新的合理的家庭结构。所

---

① 文军. 社会工作模式：理论与应用［M］. 北京：高等教育出版社，2010.

以，当与老年群体进行个案工作时，不只要将关注点放在老年人本身，也应该考虑到服务对象的家庭情况，适当地对服务对象家庭介入来进行案子的协调，注重与服务对象的交流互动①。

其次，从叙事治疗模式来看，建构主义认为对现在所发生事件的解释同时受到过去与未来两个因素的制约，两者同时为当下的生活提供了一个基本的导索以此来指引故事的发展。按此来说，人们会更愿意选择与导索相似的经验，而那些与导索不相符的经验就会被人们忽视甚至是掩盖，继而导致事实的流失。社会现实是不同主体之间通过沟通、交往相互建构的过程，其中起着重要作用的因素是语言。主观意义与客观意义涉及的是两个完全不同的问题。前者主要涉及的是时间问题，后者主要涉及的是符合与沟通问题。② 所以当社会工作者在对老年群体进行帮助时，要结合服务对象所处时代的过去经验以及未来预期，关注他们如何讨论问题以及制订解决方案，了解老年群体是如何建构自身问题的，同时要注意他们所表达的问题和期望的言辞。

最后，从优势视角来看，建构主义认为问题的产生是社会和他人的共同结果，即服务对象的问题是被构建的。优势视角意味着在进行社会工作的过程中，应该把人自身及其身边的环境和资源作为关注点，并非对问题和病理的思考。基于此理念，即人们能够在生活中运用自身优势克服生活中的种种困难，因此优势视角逐渐成为现代社会工作的潮流趋向。当与老年群体进行个案工作时，需要利用专业技术提出问题并重新组织故事内容，有意识地让老年群体明确自己才是改变自身的决定者，要帮助老年群体寻找优势，让其能够善于利用身边的环境与资源来解决自身问题。

---

① 童敏. 个案辅导 [M]. 北京：社会科学文献出版社, 2007.
② 范会芳. 舒茨现象学社会学理论建构的逻辑 [M]. 郑州：郑州大学出版社, 2009.

第四节　现象社会学与社会建构学理论的影响及评价⋯⋯⋯▪

一、现象社会学理论的影响评价

现象社会学理论上提出的基本问题是如何使按照自然科学方式建立起来的社会学在整体上探索选择一种研究社会现象的方式，使其更加具有成效。它致力于一种使自己植根于现象独特性的观点，即以关注社会现象的意义特征为基础，但由于无法检验的直觉，使得现象学社会学与韦伯理解的社会学紧密联系起来。现象社会学作为一种反自然主义社会学的理论观点，它针对传统社会学方法和程序中的可疑之处，提出人的主观意识体验等问题，强调描述世界的语言和意义问题，对人们有借鉴和启蒙的作用。社会学理论研究的这个新现象，在本质上具有一个至关重要的缺点，在社会认识中片面夸大意识、主观因素的作用，而这将必然导致主观唯心主义的唯我论。在舒茨看来，每个人都是日常生活事件中不断发展的组成部分，所谓的日常世界和生活世界，其实就是由多重实在构成的主体间性的世界，一个由自我与他人分享的世界，人们关于这个世界的认识，从根本上就具有主体间性的特征，"主体间性"指世界和经验构造的互易性和互动性。"这个世界从一开始就不是每一个个体的世界，而是一个对我们所有人来说共同的主体间性世界。"① 因此，在现象社会学看来，具有常识和日常生活过程的人类世界是最高的，实际上这个世界的本质特征在于它的一切都是主体间性的。虽然个体从他自己的视角出发限定他的世界，但他却是一种社会存在，植根于一种主体间际的实在之中。

现象社会学理论被提出之后，也被广泛地应用于实践中，尤其在服务老年人方面为社工提供了积极指导，对于解决老龄化问题起到了积极作用。

----

① 谷雨，谢东伟. 舒茨现象学社会学与韦伯理解社会学 [J]. 世界经济与政治论坛，1992（7）：27-32.

二、社会建构学理论的影响评价

建构主义理论的发展，对社会工作理论、工作方法和工作模式的运用提供了更多选择和机会，使学者们对传统社会工作的工作模式、价值观和理念以及社会工作者本身进行批判、反思和发展。建构主义对社会工作具有积极影响，在社会工作理论的创新、社会工作职业化的发展方面具有促进作用，它在从问题视角到优势视角的转变、从价值中立到价值介入和价值多元的转变、社会角色由权威者到伙伴角色的转变，以及折中模式等多方面发挥了重要作用①。其中在折中模式中它能够避免单一理论的局限，能够以更宏观全面的视角看待服务对象。建构主义是一个关于知识和学习的理论，强调学习的主动性与自觉性。学者基于原有的知识经验生成意义，构建理解的过程。我们与周围环境相互作用后，会构建起关于外部世界的知识体系，从而使自身的认知结构得到发展社会建构主义的有利条件，便于冲破客观主义的围栏枷锁，以主客体、主客观相互作用，辩证统一的认识论为指导，提出了一系列新的设想，超越了原有的理论体系，是一个巨大的历史进步。

社会建构主义理论的优点显著，但也存在理论上的模糊性与不完整性，仍须完善和发展。社会建构主义在结束了旧有的理论之后，仍未形成一个完整清晰的理论框架，可见，社会建构主义的完善与发展任务任重而道远②。建构主义中建构性的观点容易走向极端，社工对于服务对象一些明显不合理的观点很难进行准确矫正，同时如果一味只运用建构主义理论去看待问题，容易掩盖问题发生的真正原因，从而将出现问题的原因归结于社会和他人的建构，而忽略对服务对象深层次原因的探求，不能抓住问题的本质。同时，社会建构主义理论的模糊性也为社会工作者提出了更高的需求。

老年人面临诸多问题需要解决，建构主义理论在其中发挥了不可忽视

① 赵茜. 后现代社会建构主义对社会工作的影响 [J]. 广东青年干部学院学报，2008，22（71）：60-63.

② 何凯波. 建构性社会工作概述 [J]. 社会工作，2011（10）：31-33.

的作用。一方面，它为老龄化社会治理提供了理论参考，对老年人社会问题的解决起到了很大的启发和指导作用，缓解老龄化对社会发展的负面影响，为人们提供了看问题的新视角。另一方面，建构主义存在着自身的局限性，它并不能从根本上解决老年人面临的根本性问题。因此，需要辩证地看待和运用建构主义理论。

┃思考与练习

1. 简述现象社会学的产生背景。
2. 简述社会建构学的产生背景。
3. 论述空巢老人问题长期存在的原因。
4. 试述现象社会学的影响与评价。
5. 试述社会建构学的影响与评价。

第十八章

老年人价值实现理论

第一节　老年人价值实现理论的形成与发展────────■

　　目前尚未有专门围绕老年人价值实现建构的理论。这里，我们将围绕老年人价值作一些讨论。

　　根据国际规范，将 60 周岁以上的人定义为老年人。老年人的生命价值，是指 60 周岁以上的老年人自身所拥有的生命价值。第七次全国人口普查统计资料显示：全国 60 周岁及以上人口比例已达到 18.7%。而从全球维度上来看，当代世界的老龄化态势将是当今世界上人口年龄结构演变中最为关键的一种态势。它以城市人口中青壮年人口数相对减少，伴有农村老年人口的相对增加为主要特点。长期以来，人们总是觉得人口老龄化现象是发达国家所特有的，但此种情况自 20 世纪 70 年代以来已成为广泛的世界性问题。因而，无论是发达国家还是发展中国家，人口老龄化已成为世界范围所普遍关注的问题①。

　　随着人口老龄化问题被世界普遍关注，老年人的价值问题也随之被关注。我国已进入老年型社会。传统上，老年人的家庭身份，随着其年龄和社会阅历，逐渐成为一家之长。老年人不但在社会上享有着非常高的地位，同时也是人们美德、言行的典范以及智力、知识的保有者。"尊老""爱老"早已成为社会风范，在日常生活中皆有体现。许多现存的俗称的"老方子"都是由老年人言传身教得来的，虽然没有科学依据，但是有其道理以及用处，因此这也告诉我们，不仅要"尊老""爱老"，更要"用老"。传统社会，老年人在全社会中拥有的地位是非常高的。在原始社会，由于社会生产力的不发达，部落成员普遍不能满足自身的温饱问题，均是自己的劳力，以狩猎为主，老年人由于身体素质低下，几乎没有劳力付出，而部族的食物等储蓄并不多。因而在人类社会历史中，利益的存在才会得到重视。老年人对部族没有任何的利益，一旦不能带来利益就会被部族抛弃。所以，老年人的地位也与当时的生产力有关。生产力是判断一个国家经济社会发展阶段的重要指标。生产力决定生产关系，马克思依据生

───────────

① 吴忠观. 人口科学辞典［M］. 重庆：西南财经大学出版社，1997.

产关系把人类社会历史划分为依次更替的五种社会形态：原始社会、奴隶社会、封建社会、资本主义社会、共产主义社会。放眼世界，大多数国家都处于资本主义社会阶段。我国的社会主义社会是共产主义的第一阶段。马克思曾经说过："各种经济时代的区别，不在于生产什么，而在于怎样生产，用什么劳动资料生产。"中国共产党领导全国人民进行改革开放，生产力有了巨大的提升和飞跃，"落后的社会生产"成为过去式。因此，生产力水平得到发展，老年人的地位会得到上升，老年人的价值也会得到一定程度上的利用与再利用。

我国自古就推崇"孝"文化，是一个富有尊老敬老优良传统的国家。在时间维度上看，一个人的一生，无论是在青壮年时期还是在老年时期都具有重要作用，其价值在特定的人生阶段都能得到充分的体现。老年人作为生产经验记录的载体，将自古至今人们创造的劳动经验代代相传，对于现代化的生产具有经济利益。

老年人精气神相比年轻人更弱一点，但是老年人群体逐步扩大，可以发展专属的文化、经济价值。随着教育水平的一步步提高，越来越多的知识老人出现。他们会用自己丰富的阅历、睿智的眼光、沉稳的心态帮助子孙后代，尽量避免轻浮冒进地步入各种陷阱，让子孙后代的明天越发灿烂光明，提供的价值不输于年轻人的多样性。在家庭方面，老年人能使家庭的成员更好地凝聚在一起。现如今我们所享受的一切都是老年人在年轻时期所创造的，包括我们也是他们所创造的。那时的他们是真正为社会创造价值的劳动者，而现在这个责任传递给了我们。我们现如今所知道的一切都是他们言传身教得来的。家风具有传承性，有助于树立一家人的思想道德、言谈举止，对大到国家和民族、小到家庭来说都具有非常重要的意义。而且，他们可以依据自己的优势，培养新一轮人才，为国家文化事业间接输入新鲜血液。

人在年少时期获得一次一次的价值的肯定，是对于青少年未来的肯定，是对世界未来进步的肯定。但在人迈入暮年时，自身跟不上时代的进步，不得不求助于年轻人。但是，"耐心地回答老年人的疑惑"还并未成为年轻人应有的素养，很多老年人在求学路上处处碰壁，社会原有的社交模式被边缘化，新的社交模式的融入难度又高，孤岛渐渐出现，无数老年人开始思考自己存在的价值意义。对于长者来说，常常感到自己对于这个社会已经没有了什么价值，更有甚者会产生厌世的情绪。老年人价值实现也肯定了老年人本身的价值，让其感受自己的价值，对于现实的意义而言，拓宽了对于价值的理解，不会狭义地看待一个人的价值。老年人的存在既是价值，也是希望，还是未来的每一个人将要面临的问题。一个老年人对于自己价值的认识，不仅仅是对于他的考验，也是对于社会的审视。年轻人对于老年人生活现状的每一次漠视，都以自身的未来为代价。

第二节　老年人价值实现理论的人物观点

尽管老年人价值实现理论还未建构完成，但其与西方的现代化理论、马斯洛需求层次理论以及社会老年学理论都有着内在的关联。

一、现代化理论

现代化理论是美国学者考吉尔（D. Cowgill）和赫尔姆斯（L. Holmes）最早提出的。他们认为，社会现代化和老年人的关系有两面性，主要体现在以下两个方面：一是老年人增多，老龄化加剧；二是老年人社会地位下降，也就是老年人的社会地位和社会发展之间存在负相关的关系，高度发达的社会会使老年人的社会地位明显下降。基于该理论，随着社会现代化的逐步推进，老年人的社会权利、影响力和领导力都会有所下降甚至完全消失，与此同时，社会的高速发展还会让老年人与社会出现脱节；年轻人和老年人在精神、道德和记忆力等方面会出现较大的差异性；年轻人成为社会先进和典型的代表性群体，而老年人的社会价值将难以实现。

他们在分析研究人口老龄化问题的过程中提出，随着社会现代化的推进，老年人的社会地位将会下降，同时其社会权利和领导力也会下降，并与社会生活之间出现较为明显的脱节现象。而影响社会现代化和老年人社会地位关系的要素有医疗技术、经济技术、都市化和教育。

（一）医疗技术的不断创新发展在一定程度上使老年人的寿命更加长久，这导致老年人明显增多。现代社会更加注重新型职业发展和年轻人的就业，这导致老年人只能选择退休，进而使其社会地位下降。

（二）经济技术的持续进步为年轻人提供了更多的就业机会，而老年人接受再学习和再培训的机会相对较少，这导致他们通常会提前离开工作岗位。

（三）都市化影响。在农业时代，人的认知往往与其年龄呈正相关的关系，老年人凭借丰富的实践经验掌握了更加全面的生产技术，所以社会地位相较年轻人更高。但是在工业时代，对人们掌握新知识和新技能的要求越来越高，同时对人的环境适应能力也提出了较高的要求，这使得年轻人的优势更加明显。农业时代年轻人获得经验的主要途径是通过老年人的教导和帮助。而在工业时代，年轻人提升自我的机会和途径很多，对老年人的依赖性大大降低，因此老年人的社会地位也就随之下降。现阶段经济技术和工业生产的高速发展一定程度上推进了城市化，这使得年轻人为了工作只能选择和父母离别，使代际关系发生了变化，年轻人的社会地位随之上升，这也就导致了老年人的社会地位下降。

（四）教育影响。现代社会更加注重教育，这使得年轻人接受教育的比重更大，同时社会资源的分配也向年轻人倾斜，这也一定程度上导致了老年人社会地位的下降。上述诸多因素使得老年人的社会地位下降，这对于他们社会价值的实现极为不利。

该理论从现代化的角度指出对老年人的不利因素，对老年人价值实现理论研究有重要意义，有利于人们在社会现代化快速发展的情况下对老年人价值的实现作出思考，并提出更多更好的解决方案去促进老年人价值的实现。该理论旨在探究一种能够使老年人和社会环境相适应的途径，进而增加老年人的生活幸福感。

二、马斯洛的需求层次理论

马斯洛需求层次理论是由美国的心理学家亚伯拉罕·马斯洛于1943年提出的。该理论认为人类有五个基本需求，从低级到高级依次为：生理需求、安全需求、社交需求、尊重需求和自我实现需求。[①] 马斯洛认为，人

---

① 吴宏伟. 马斯洛的需要层次理论及哲学底蕴 [J]. 哈尔滨市委党校学报，2006（2）：31-33.

的这些需求都是本能的、内在的，是人类所特有的，并且人总是在满足低级需求后，再去追求更高级的需求，即高级需求的出现是以低级需求的基本满足为条件的，并且这些需求是相对的。

首先，生理需求是维持生存的基本要求，老年人的独居生活难免孤独寂寞，儿女也不能长久地陪伴在身边，社会给予老年人基本的物质保障，使其能够御寒、饱腹。其次，是安全需求，包括老年人对健康和家庭和睦的需求，其中健康是实现老年人自身价值的保障。自 2002 年以来，有三个国际性的政策文件指导了有关老龄化的问题：《第二次老龄问题世界大会政治宣言》及《马德里老龄问题国际行动计划》和世界卫生组织的《积极老龄化：政策框架》，它们预测了老年人寿命的延长并且赞扬了老年人群体作为未来社会发展的强大资源的潜力，重视老年人自身技能、经验、智慧以及他们的贡献，并在确保老年人自身安全的基础上通过一系列政策来促进老年人作出贡献。最后，满足老年人对社交、尊重和自我实现的需求能最大限度地实现老年人自身价值，老年人也需要通过社交来与外界沟通交流，得到他人的尊重，以便更好地适应世界，并更好地实现自身价值。

"积极老龄化"通常意味着身体健康，作为社会的正式成员，在工作中感到更加充实，在日常生活中更加独立。老年人保持身体、精神和社交活跃的能力部分取决于持续学习。正式或非正式的学习可以通过提高智力来保持老年人的大脑活跃。学习还可以防止认知能力下降。在积极老龄化的背景下，终身学习对于技能的获取和更新、社会文化参与、个人福祉、代际沟通和社会包容非常重要，这就是为什么世界卫生组织将终身学习列为积极老龄化的关键支柱之一。老年人不仅在生活中有宝贵的经验，而且表现出适当的发展方式。事实上，他们在生活的各个方面都有经验和才干。他们可以向年轻人展示和引导路径。此外，他们在家庭决策中起着重要作用，用他们深厚的知识冷静处理解决许多问题和困难。

我们时常会忽略，老年人也有需求，他们的需求相比年轻人甚至会更多更大。马斯洛的需求层次理论在老年人价值实现研究中发挥着重要作用。马斯洛的需求层次理论，有助于更好地分析老年人的需求心理，从而对症下药，有助于老年人的价值实现。

三、社会老年学的理论观点

社会老年学的活动理论、连续性理论等研究表明，人到年迈时往往会感到心理空虚、心态失衡，但是如果他们能够长期维持一定的活动水平和保持原来的精神状态，并且可以随时与外部社会接触，那么就可以相对长久地保持着身心健康，延缓机体的老化。有一些学者认为，想要实现老年人的价值，可以通过让老年人参与社会的各项活动，继续保持着他原来"劳动者"的角色。目前许多国家在面对人口老龄化程度加深这个问题时，有着丰富的知识经验，不仅仅是开展广泛的为老服务项目，更令人瞩目的是让越来越多的老年人积极投身于有利于社会发展和进步的活动中去，实践也证明了上述理论的可靠性。

总之，一个健康的社会是在老年人和青年人之间平衡的社会。对于老年人来说，帮助年轻人提高自己的能力并弥补他们的弱点和文化，老年人的功能是丰富民族认同，促进融合，传递公认的价值观。世界各地都有不同种类的信仰和习俗，大多数国家都尊重他们的老一辈人对社会的贡献。

第三节　老年人价值实现理论的实际应用

在当今社会里，人口的老龄化速度不断加快，老龄化问题也随之增多，同时在经济迅速发展的情景之下，老年人的价值实现得到凸显。

老年人价值实现理论在老年社会工作的运用中主要体现在社会如何真正地挖掘当今老年人在社会中的价值体现以及老年人是如何真正实现这一理论的。老年人价值实现理论可以让社会中各个领域的人真正认识到老年人在当今社会并不是一无是处，老年人具备了经济价值、文化价值以及社会价值。

老年人口不断增长，这就是老年人经济价值的体现。首先，除去退休的老年人，还有部分老年人在乡下务农，可以充分地为国家的第一产业创造大量 GDP。其次，老年人的增长也会为国家提供巨大的消费市场，庞大的老年人群体成为一支重要的消费大军：老年福利设施、医疗设施、文化教育、养生等一系列领域拥有了巨大的市场。最后，伴随当今医疗、保健保养等设施的完善，现在这个时代的老年人健康状况也越来越好，心态也会越发积极向上，很多豁达向上的老年人都会有着四处旅游的想法，弥补年轻时候的梦想，这会为我们国家的旅游业增添一笔财富。

老年人创造和传递传统文化，发挥代际传递的作用。上一代人对下一代人的文化传承有着不可替代的作用，即使当代传承文化的方式有很多，但是也代替不了老年人通过耳濡目染将文化传递给下一代。老一辈的文化需要老一辈亲自去传授，而不是道听途说。

老年人的社会价值体现在各个方面。子女能够更好地投入工作，是因为有老年人在家中帮忙打理家务、照看孩子等。老年人比中年人经历了更多的考验和磨炼，在道德规范方面比他们更趋于成熟，可以通过各种方式将自己的方法与理论传递下去。这也将会为我们的社会创造无穷的价值。

除了考虑老年人对于社会中的价值之外，我们还要重视如何看待对于老年群体的看法。我们要积极应对人口老龄化给国家带来的问题，人口老龄化会导致劳动力的缺失、国防兵力的短缺等，国家要实施积极的人口老龄化战略，最大限度发挥老年人独特的作用，从而充分地实现老年人对于社会的价值。我们要积极维护老年人的尊严，尊重老年人就是在尊重自己。

在 2021 年 10 月，习近平主席对于老年人的老龄工作也作出了重要指示，习近平强调，要大力弘扬孝亲敬老传统美德，落实好老年优待政策，维护好老年人合法权益，发挥好老年人积极作用，让老年人共享改革发展成果、安享幸福晚年。① 现在的很多城市中都为老年人实施了便利政策，比如，老年人可免费乘坐公交车、地铁等交通工具，老年人吃自助餐、观光旅游可以享受半价优惠，等等。同时，在一些医院里，已经实施了针对老年人的便利服务并获得了良好反应，让很多老年人体会了当今医疗服务的便捷。这也助力了我国第三产业的发展。这些权益和服务涉及方方面面，都是老人们十分需要的，这也充分体现出我们国家和社会对老年人的

---

① 中华人民共和国中央人民政府 . 习近平对老龄工作作出重要指示［EB/OL］. (2021 - 10 - 13)［2023 - 02 - 25］. https：//www. gov. cn/xinwen/2021 - 10/13/content_ 5642301. htm.

重视和尊重。

除了社会对于老年人价值实现的各类方法，老年人本身也应该制订如何去实现自身价值的计划，让自己的晚年生活较为充实。例如，老年人可以多多学习传统文化知识，陶冶情操；利用晚上空暇时间跳广场舞，学习各类娱乐，能让自己感到身心快乐的事情。通过这些事情可以带来好心情，保持身体健康，同时也会为子女减轻养老负担。一些本来就满腹经纶、充满经验的老年人也可以通过多种方式将知识和经验传授给下一代，不仅丰富下一代的知识以及经验，也会让自己的老年生活变得更加有意义。

第四节　老年人价值实现理论的影响与评价　▪

以考吉尔和赫尔姆斯为代表的西方老年人价值实现理论认为，老年人的地位与社会变迁成反比，高度的社会移动会降低老年人的地位，所以西方的现代化理论认为在现代社会中，老年人变得不具备价值，难以在社会中发挥作用。这一理论比较消极地看待老年人问题，并没有看到积极的方面，所以产生了一定的消极作用，比如造成了年龄歧视，① 一部分人对衰老产生了恐惧以及厌恶的心理，心态会发生变化，严重的话会产生社会焦虑和恐慌。这种情绪不光会在老年人与老年人之间传递，也会影响到其他群体，这会影响国家的稳定发展。年龄歧视对老年人自身来说严重损害了他们的自身利益和个人尊严，对他们积极乐观地面对生活产生了消极影响，使得部分老年人性格变得自卑、自闭，而进一步影响社会氛围。除此之外，老年人群体也会受到年龄歧视的不利影响，尤其是不利于年轻人与老年人之间的关系，增大社会以及家庭中的代际矛盾，让人与人之间产生隔膜，不利于社会文化的继承和发展，容易造成社会秩序紊乱，会对社会的持续稳定发展产生阻碍。当然，这一理论也有积极的影响。这一理论引

---

① 年龄歧视：指依据年龄上的差别而对某一个社会群体作出不正确的评价，或者说是持有固定的成见。英文原义 ageism，社会老年学中是专指对老年人的歧视，因为在现代社会中依据年龄而产生的歧视行为主要是针对老年人的。

起了人类社会关于老年人价值的讨论，提高了对老年人的关注度，促使老年人受到更多的关爱，为以后学者们的研究与观点奠定了基础。从客观上来看，老年人价值实现理论保持了社会体系的平衡，老年人群体能安心养老，在一定程度上加强了社会保障。

关于老年人的社会价值实现问题应该遵循历史的、科学的原则，不能以其年龄作为价值评判的唯一标准，应反对"老年无用论""淘汰论"，减轻老年人的负面情绪，让老年人积极地参与社会发展。这样，不仅能实现自身的发展性需求，更重要的是会为社会作出一部分贡献，将会给社会带来巨大的效益。所以，研究老年人价值实现理论，需要将他们的人生周期连续起来看。正确看待青年人与老年人的不同社会价值，必须遵循科学的原则，避免以偏概全而造成一系列的家庭矛盾、社会焦虑、年龄歧视。评价老年人价值应该将目光放在是否有利于社会的发展，是否能促进人与人之间的关系上。正确看待老年人的社会价值实现理论，我们不能只从片面的角度作结论，要以有利于社会经济的发展、有利于消除人与人之间的隔阂与矛盾、有利于社会乃至国家的稳步发展作为出发点。

另外马斯洛的需求层次理论对老年人价值实现问题也有着重要意义。其一，老年群体在老年生活中会很寂寞，此时生理需求显得很重要。其二，生老病死是自然界的规律，老年人难免会面对疾病、衰老的威胁，所以老年人对健康的需求也就是安全需求尤为迫切。这一需求加强了社会上医疗保健问题的宣传和社会保障制度的发展完善，比如心理咨询、康复训练、疾病治疗，这有利于家庭和睦。其三，老年人的社会需求，有利于老年人找到属于他们自己的圈子，消除退休后的无聊和失落，交往新的朋友，建立新的人际关系。其四，老年人的个人尊严问题，即老年人的尊重需求。任何人都渴望得到别人的尊重，老年人退休之后，从有职位变成无所事事，从有稳定收入变成减少收入，老年人自身很容易产生自卑自闭的情绪，容易产生心理疾病。家庭成员以及社会成员要给予尊重，让他们觉得自己还有用。其五，社会中有一部分老年人热爱工作，退休后仍然想找一份适合自己的工作，但也有一部分老年人退休后想要过自由随性的生活。无论是工作还是不工作，老年群体都在以不同的形式实现他们自身的价值。

老龄化问题突出的老龄化社会对人们的价值实现理念也产生了一定的

影响，关于老年人的价值实现问题逐渐被重视起来。首先，在日常生活中，老年人互相照顾也有重要的价值，节省社会力量的同时也为子女节省了给父母养老的压力。根据调查显示，女性老年人照料配偶的比重，城市为74%，农村为64%，超过子女给予的照料①。因此，老年人的劳动可以看成是一种社会经济价值。其次，老年人的社会价值还体现在社会的道德维护上，社会道德的维护不能只依靠年轻人，老年人的作用也不可小觑。老年人群体指导并影响了下一代人的成长，从而促进社会繁荣与发展。并且有利于文化的传递，虽然现代社会的传递方式是多种多样的，但是老一辈对年轻一辈的文化传承作用依然存在。再次，老年人具有警示社会并提供经验的价值，老年人以其自身的经历和价值观警醒世人，老年人的示范作用也是推动社会继承发展和维护社会秩序的重要条件。最后，从个人角度看，老年人是家族的主心骨，也是子女的心理依靠和避风港，并且老年人是一个非常具有价值的群体，老年人可以稳定社会结构，加强家庭的凝聚力和团结力，有利于创建和谐团结的社会环境。

▏思考与练习

1. 简述老年人价值实现理论的主要观点。

2. 结合实际，论述老年人价值实现理论的实际应用。

3. 简要对老年人价值实现理论作出评价。

---

① 党俊武，李晶，张秋霞，罗晓晖. 2019 中国老年人生活质量发展报告［M］. 北京：社会科学文献出版社，2019.

第十九章

健康老龄化、积极老龄化理论

第一节 健康老龄化、积极老龄化理论的形成与发展..........■

西塞罗在公元前 106 年对老年人的经历、生活态度、信仰等作出了相关论述，提出了"人如何维持自己的健康和活力"的预测，在两千多年后的今天仍对"健康老龄化"的研究发展产生了深远影响。①

从第三次工业革命以来，治疗手段不断改进，人们生活质量的飞速提升，欧美发达国家人们的寿命越来越长，越来越多的人步入了老年阶段。但是在发达国家，年轻人追求丁克生活，女性生育意愿不高，20 世纪五六十年代的"婴儿潮"以后生育率尤为低下。于是，一些完成了两次工业革命的欧美国家的人口数据发生巨大变化，主要表现在持续下降的生育率拉低了人口自然增长率。近乎 0 甚至为负数的增长率让这些国家的人口变化微乎其微。虽然欧美国家针对生育率下降问题提出的解决方案多种多样，但仍旧没能拖住老龄化的步伐，老龄化像风暴席卷了这些发达国家。新世纪来临之际，国际和社会学术界逐渐涌现出一些关于人口老龄化趋势为何在这一时期加剧的学术观点。为应对上文所提出的现象，学术界应运提出了"健康老龄化"的初步理论，21 世纪初在实践和其他理论发展的影响下提出了"积极老龄化"理论。

"健康老龄化"这个概念第一次提出是在 1987 年 5 月召开的世界卫生大会上。1990 年，老龄化严重地影响了诸多亚欧大陆和美洲大陆国家的经济发展、社会稳定、文化传承。为了应对这些迫在眉睫的问题，"健康老龄化"在这一年被世界卫生组织设置成为一项发展战略来应对人口老龄化问题。生理健康、心理健康、良好适应社会是它的核心理念。

1995 年 10 月，在北京召开的全国老年医疗保健研讨会上，我国人口学与老年学家、时任中国老年学学会会长邬沧萍教授作了《健康老龄化的科学涵义和社会意义》的会议主题报告。2002 年，世界卫生组织丰富了"健康老龄化"的概念，增加了"保障"和"参与"两个维度，将其发展

---

① 刘文，焦佩．国际视野中的积极老龄化研究［J］．中山大学学报（社会科学版），2015（1）：167-180.

为"积极老龄化"政策框架①。

2007 年，"健康老龄化"概念又得到了进一步的发展，"健康老龄化"被定义为老年人群在尚且能够独自照料自己的年限里犹有生机，将没有能力自己照顾自己身体的年限推迟到生命的最后阶段。② 这个概念与我国长久以来传统的安康长命意思相近，但内容越加丰厚，寓意越加深远，它强调要把预防疾病、保护身体、治疗与康复结合起来，通过加强营养物质的摄取、加大体育锻炼的力度、进行心理状态的调整、促进环境安全等方式，以多种科学结合的方式来促进实现健康老龄化。2015 年，"健康老龄化"又一次被提上了人类健康计划日程③。《关于老龄化与健康的全球报告》被世界卫生组织提出，"健康老龄化"最新定义又发展成为老年人群保持健康功能，它的目标是发挥和改善老年人的能力。国际上的"健康老龄化"发展了几十年，经过各国各组织各专家的改革与研究，已经逐步完善。中国近些年老龄化问题严重，结合了本国国情，形成了一套富有中国特色的老龄化理论。"十三五"时期，积极发展中的"健康老龄化"概念为我国的政策制定者和服务提供者创新养老服务模式，健全老年服务体系提供了理论依据。2022 年，国家卫生健康委等 15 部门联合印发《"十四五"健康老龄化规划》，提出了要身心健康并重的预防保健服务体系、提升老年健康服务能力、促进"健康老龄化"的科技和产业发展多项任务。规划指出，我国的老年人身体情况实在算不得好，老年人随着年纪的增长，各方面身体机能下降，状态变差。调查预测将来失能老年人数量将逐步增加。但与老年人的健康需求相比，政策力度、老年健康服务机构、老龄化产业的支持力度则不能满足需求。

20 世纪末，积极心理学理论迅速发展，积极老龄化理论应运而生。主要表现为积极协助老年人群提高个人生活能力，发展社会交流交往能力，树立积极健康的生活态度，消除其他年龄阶段人员对这一弱势群体的年龄偏见和歧视，为老年人的晚年生活提供一个良好的社会环境。世界卫生组

① 宋全成，崔瑞宁. 人口高速老龄化的理论应对：从健康老龄化到积极老龄化［J］. 山东社会科学，2013（4）：36-41.

② 佟新. 人口社会学［M］. 北京：北京大学出版社，2006：165.

③ 陆杰华，阮韵晨，张莉. 健康老龄化的中国方案探讨：内涵、主要障碍及其方略［J］. 国家行政学院学报，2017（5）：40-47.

织为了应对人口老龄化程度加深带来源源不断的新问题，提出了积极老龄化的初步理论设想，提出的那一天恰是 1999 年国际老人年的世界卫生日，颇有纪念意义。2002 年的第二届世界老龄大会对积极老龄化进行了完善，而且把实现积极老龄化列为大会的重要内容与任务之一。2002 年 1 月，世界卫生组织出版的《积极老龄化：从论证到行动》在原先积极老龄化设想的基础上，又进一步丰富了它的意义。并且因为老年人之间互有不同，又在"健康"和"参与"两个维度的基础上，增加了"保障"维度。"参与"也扩展了含义，不仅仅单指经济方面，而且把社会、文化、体育方面都囊括在内，为所有到了年纪的老年人，也包括那些日常生活不能自理、照顾不好自己的人，更大可能地提供了积极健康的生活方式和生活态度。2021 年 11 月 24 日，中共中央、国务院发表了《关于加强新时代老龄化工作的意见》。文件中明确指出，加强全党全社会对老龄化项目的研究，贯彻落实以健康老龄化、积极老龄化积极应对人口老龄化的以人民为中心的理念，真正让健康、积极普惠到每一位老年人，便于满足老年人与日俱增的健康多元养老需求。

第二节　健康老龄化、积极老龄化理论的人物观点

"健康老龄化"这一概念在 1990 年被世界卫生组织正式提出。它被一众困顿于国家严重老龄化带来各方面问题的政府精英人士视为救命稻草，迅速作为一项发展战略被纳入国家政策，来应对已经出现的许多重大社会问题，同时也在改善老龄人群的物质生活，满足他们的精神需求，加强与他人的联系，提高其社会地位。[①]

在 20 世纪鼓励生育与计划生育政策的双重影响下，我国的人口结构模型呈现近似于宝塔形状，底部结构不断萎缩，即将步入老年这一阶段的人越来越多。我国人口学与老年学家、时任中国老年学学会会长邬沧萍教授在全国老年医疗保健研讨会上作出《健康老龄化的科学涵义和社会意义》

---

① 鲁肖麟，朱金卫. 社会资本视角下的积极老龄化与健康促进［J］. 中国老年学杂志，2018（4）：1000-1003.

会议主题报告。报告中教授认为"健康老龄化"应该有以下几个方面：第一，"健康老龄化"首要目的在于延长老年群体整体的健康和生命的长度；第二，"健康老龄化"高度在于生命存在与否；第三，"健康老龄化"尽力保证老年群体走向死亡前的衰老过程中能正常生活，在生命的尽头活得体面，有尊严地离开世界；第四，"健康老龄化"将卫生保健纳入实现健康老龄化的手段；第五，"健康老龄化"关系着全体社会成员，需要不同身份、不同年龄的人员参与，共同努力来实现。有学者认为，"健康老龄化"这一理论一方面是指老年群体的健康程度；另一方面是指所有人在其幼年、少年、青年、中年、老年阶段都应该始终持有"健康老龄化"的意识①。在部分学者的观点理念中，"健康老龄化"是指老年群体在暮年之时依然能够心态年轻，身体健康，热爱生活，将这种状态最大限度延缓至生命终点②。

因此，虽然不同人在不同角度运用不同方法理解的"健康老龄化"不尽相同，但追本溯源都是从老年人的生理需求和心理需求出发，构建健康老龄化理论。③"健康老龄化"这一理论对老年群体的身心健康方面高度重视，在一定范围内为老年群体争取了最大权益。但是该理论存在两点不足：一是不承认老年人群的社会价值，忽略其对社会的贡献，认为他们是累赘，影响城市现代化，社会进步；二是仅从单个视角来看待老年人群的健康④。

进入20世纪90年代末，"健康老龄化"的不足逐渐显现，已无法更好地解决当时社会因严重老龄化而产生的诸多问题，社会群体期望出现一个比"健康老龄化"更全面的理论概念。在积极心理学的浪潮推动下，又基于社会权力学说的发展，老龄化问题研究开始向积极化方向发展。1997年，丹佛会议第一次涉及"积极老龄化"，并于2002年在世界卫生组织举办的第二届世界老龄大会上被正式采用。这一概念既包含了"健康老龄

①　杨娜.实施"健康老龄化""积极老龄化"应特别关注老年女性需求［N］.中国妇女报，2021-12-17（2）.

②　佟新.人口社会学［M］.北京：北京大学出版社，2006：165.

③　同②.

④　宋全成，崔瑞宁.人口高速老龄化的理论应对：从健康老龄化到积极老龄化［J］.山东社会科学，2013（4）：36-41.

化"的所有概念，又囊括了其他知识，表达了更为广泛的含义，在理论内容充实的同时还拥有具体可实行的行动纲领，① 兼顾学术方面和实践方面。自此，"积极老龄化"逐渐代替"健康老龄化"作为各个老龄化国家的战略来解决当下老龄化带来的种种弊病。

福建省老年学学会编著的《积极老龄化研究》一书中将"积极老龄化"精简为三个词语——"健康""参与""保障"，并提出了实现"积极老龄化"的三项具体对策。自此，我国开始将"积极老龄化"与社会实际情况相联系，一个全新的研究方向展现在一众学者面前。而后王诺、张占军等人的《机遇还是挑战？中国积极老龄化道路》一书从个体、家庭、社会、经济、政治、国际等多个不同角度对老龄化进行拆分理解整合，提出了在各个层面、各个时期下进行积极老龄化建设的不同内涵，展现了一种全方位、多层次、宽领域的研究视野，详细给读者分析了为什么中国积极老龄化过程充满福音和困难，机遇和挑战是并存的。郭爱妹、石盈的《"积极老龄化"：一种社会建构论观点》一文以"积极老龄化"取代了相对传统又消极的老龄化理念，提出"积极老龄化"诞生于文化交融之中，是一种文化的建构物。宋全成、崔瑞宁的《人口高速老龄化的理论应对——从健康老龄化到积极老龄化》，阐述了如何从容不迫地应对不可阻挡的人口老龄化趋势，健康老龄化是如何一步步过渡到积极老龄化的经过，同时系统全面地介绍了"健康老龄化"和"积极老龄化"的概念、内涵、特征、发展过程、影响因素。陈淑金发表的《积极老龄化框架下的老年人心理健康》一文阐述了在积极老龄化背景下的老年人健康问题，以及其影响因素与解决对策，认为健康是积极老龄化的三大主题之一，并且是最重要的一个主题。王树新的《北京市人口老龄化与积极老龄化》以北京市的具体人口问题为背景，研究探寻积极老龄化理念在北京市规章制度下的发展变化，阐述了北京市为改善老龄化现象所作出的种种努力，以及对今后城市人口变化的预测②。

---

① 宋全成，崔瑞宁. 人口高速老龄化的理论应对：从健康老龄化到积极老龄化 [J]. 山东社会科学，2013（4）：36-41.

② 张倩. 当代中国"积极老龄化"的伦理探究 [D]. 长沙：湖南师范大学，2016：5-7.

第三节　健康老龄化、积极老龄化理论的实际应用............▪

在"银发浪潮"席卷世界时，中国也步入了人口老龄化的快速发展阶段。结合马斯洛的需求层次理论，在社会经济迅速发展和进步的现实情况下，老年人的需求也在随着时代的进步而发展，普通的养老政策提供的养老方式已经无法满足老年人的养老生活需求，无法适应社会的飞速发展。2002 年 4 月，第二届世界老龄大会上世界卫生组织在《积极老龄化：政策框架》中提出"积极老龄化"行动纲领。我国也在探索新的养老方式对当下的养老模式进行一定程度的调整和优化，践行健康老龄化、积极老龄化等老年理论，力图不只是在物质上，更从精神上满足老年人的多样化需求，提供更全面的服务。例如，哈尔滨市的文化养老研究，通过问卷调查的方式，对哈尔滨市老年人文化养老基本情况进行研究调研。结果表明，哈尔滨市老年人本身是有意愿并且希望能够参加一些文化娱乐活动，来满足自身的精神需求。但是由于在传统观念、家庭、政府和社会的支持、老年大学的局限性以及政策的薄弱等方面存在着一些问题，老年人无法拥有娱乐学习活动的途径，"老有所教"的目标难以实现。为此，研究者们根据"积极老龄化""健康老龄化"等老年理论提出了以下 5 条建议，来更好地推动哈尔滨市老年人文化养老。第一，文化养老是一种全新的养老理念，只有加大宣传力度，向大众普及文化养老，增强人们对文化养老的内涵的充分理解，让理念深入人心，文化养老才能够有效且长久地开展；第二，转变传统的养老观念，孝敬老年人不仅仅是指在物质上的满足，同时还要关注老年人的精神需求，帮助家庭成员对老年养老的本质进行充分的认识和理解，了解老年人的心理需求；第三，加强与高等学校合作，推动老年大学课程的开展，优秀的师资条件可以给文化养老提供支持；第四，加大对老年大学的资金投入，通过政府、民间的力量促进老年大学发展，为文化养老活动提供资金支持；第五，建立健全养老法律体系，有效发挥政府的引导职能，优化养老活动模式和内容。"积极老龄化"从提高老年人的生活质量角度出发，力图构建一个健康多元的社会生活环境，促进老龄化群体健康化发展①。通过老年教育，以教育发展作为载体循序渐进稳步推动积极老龄化，有利于提高老年群体生活质量、丰富老年生活环境及强化社会社交能力，对于解决我国当前部分老龄化问题具有一定实际意义。

人口老龄化是我国的基本国情，给我国经济社会发展带来了许多新的挑战，也更加凸显了积极应对人口老龄化的重要性和必要性。世界卫生组织提出了"积极老龄化"的口号，以"健康老龄化"为框架。在方案中，世界卫生组织提出的将自上而下和自下而上相结合的参与式方法，为各国应对老龄化的实践提供了一种新思路。同时健康地理学研究中所强调的地方、地方感、疗养性景观等定义、居住常态模型以及就地养老和适地养老的实证研究，对于成功开展健康老龄化行动起到了一定的指导作用。美国太阳城的持续照料退休社区就采用了一种新型的养老范式，它将医养康一体化，提供各种服务和活动满足老年人的需求，提供给老年人最大限度的独立性。社区内还建造了各种不同户型的房子以满足不同类型老年人的需求，如独栋家庭别墅、连体别墅、辅助照料式住宅和家庭护理机构、出租的独立居住公寓等，且都采用了适老化无障碍设计，设置了无障碍步行道及防滑坡道、低按键等；且共享1个邮局、超市、医疗机构、银行及教堂。此外，社区还提供完善的医疗服务系统保证老年人的健康需求，并且提供的一些运动和娱乐设施及学习交流场所也丰富了老年人的日常生活，满足了老年人就地养老的意愿。

尽管我国对"积极老龄化""健康老龄化"的探索还处于一种初步发展阶段，但是也探索出一系列健康养老新模式。例如，将养老护理与医疗服务融合形成的"医养结合"，充分利用医疗资源，最大限度地满足老年人的需求②。此外，"体医结合"也是新时代背景下促进健康老龄化的新举措，医疗机构和体育机构有效结合起来，共同发挥资源优势，有效协同，发挥最大价值，实现生命丰富度的内向扩展，对于健康老龄化有着实际意义。这些多元化养老模式是满足不同需求的老年人的解决之道，也是未来

---

① 陈淑君，张琪. 积极老龄化视角下哈尔滨市文化养老研究 [J]. 经济研究导刊，2022（2）：33-35.

② 方鹏骞，陈江芸. 我国医养结合养老模式现状、问题与展望 [J]. 中华医院管理杂志，2019（12）：977-980.

养老产业发展之导向①。

第四节　健康老龄化、积极老龄化理论的影响与评价⋯⋯⋯⋯▪

　　"健康老龄化"和"积极老龄化"理论是人类面对人口老龄化问题在不同时期的发展变化而提出的应对理论，反映了应对人口老龄化问题不同的理论水准。②

　　20世纪80年代后期，人口老龄化速度加快，"健康老龄化"被提出来应对出现的各种问题。健康老龄化理论包括以下三项内容。首先，老年群体的个人身体情况包括老年群体生理、心理健康和良好的社会适应能力③。其次，老年群体的健康情况、健康寿命的延续与社会整体情况相吻合④。最后，人文环境健康，人口老龄化社会的社会氛围良好与发展持续、有序、合规律⑤。"健康老龄化"的提出产生了深远影响，无论是在经济方面，还是社会方面，并且对不同年龄段的人都有影响。所以其实每个人都应该树立"健康老龄化"的意识，为个人老年生活提前做准备，同时也可以更好地关照老年人群⑥。从个人角度来看，这无疑是为老年人晚年生活提供了保障。对于国家来说，"健康老龄化"关系重大，若老年人群整体态势积极，则它的消极方面影响则小，有利于整个社会欣欣向荣。对于社会的其他部分来说便是减少了发展压力，发展速度或许可以更上一层楼。

　　"健康老龄化"从提出到贯彻落实，取得了明显的成效，我国老年人

---

　　① 韩磊磊，周李，王艳艳，郭恒涛. 跨领域合作视角下中国体医融合的路径选择［J］. 武汉体育学院学报，2020，54（9）：5-9+15.

　　② 郑晓瑛，苏彬彬. 积极应对人口老龄化 推动老龄事业健康发展［N］. 光明日报，2021-11-09（6）.

　　③ 邬沧萍. 健康老龄化的科学涵义和社会意义［C］. 全国老年医疗保健研讨会，1995-10.

　　④ 同③.

　　⑤ 同③.

　　⑥ 杨娜. 实施"健康老龄化""积极老龄化"应特别关注老年女性需求［N］. 中国妇女报，2021-12-17（2）.

群整体寿命得到提高，预期寿命相对之前有所提高，寿命质量同样得到提高；健康的概念在社会中得到重视，随即影响到了社会、经济和文化等领域，同时丰富了健康的概念；"健康老龄化"通过一系列举措，给老年人带来积极健康的生活方式，也为老年人保持良好的生活态度。世界卫生组织提出的健康老龄化理论，其核心理念是确保人们的生理健康、心理健康和社会适应能力。虽说我们有了进步，但对照期待的目标，我们仍有差距。老年人需要在保持健康的情况下，提高自己的社会参与度，去融入社会。因此，国家层面应更加大支持力度，争取建立一个和谐的社会。

随后在 2002 年，世界卫生组织提出了一个新概念——"积极老龄化"。在新时代，"积极老龄化"不仅包含了"健康老龄化"的意思，并且在表达的含义和内容上比"健康老龄化"更加丰富。在确保人们健康的基础上，让人们充分、积极地参与社会活动，并给予人们最基础的社会保障，去激发出人们之前从未出现过的能力，让个人的能力得以发挥，并按照自己当前的能力和愿望去参与社会，而当他们需要帮助时，又能获得充分的保障。也就是说，"积极老龄化"并不再古板地适用于老年人，而是面向了所有年龄段的群体，如此一来，便更好地调动了全社会重视老年人、关怀老年人、帮助老年人的积极性，从而更有利于整个社会老年事业的发展。

目前我国不仅面临着人口老龄化的问题，还有城市化进程缓慢的问题，这二者的结合，给我国城市的发展环境和养老问题带来了更严峻的挑战。然而，由于我国农村老年人的社会经济地位较低，社会保障体系亟待完善，所以农村老年人的救助行动比城市老年人面临着更大的挑战。在一系列的规划和政策出台的背景下，如何更好地将顶层设计与地方实践相结合，促进老年人养成良好的生活方式，为老年生活做好准备以及怎样能让政府、社区和家庭三方面更好地配合和努力，打造良好的自然、社会和经济环境，从而提高农村老年人口的养老质量，满足老年人差异化的个性需求。推进"健康老龄化"的具体实践也是我们目前需要思考的问题。

▎**思考与练习**

　　1. "健康老龄化"这一理论有何优势与不足？

　　2. 结合中国老龄化浪潮，分析"健康老龄化""积极老龄化"的实际应用。

　　3. 试分析"健康老龄化""积极老龄化"的影响与评价。

第二十章

责任伦理与孝文化

第一节　责任伦理与孝文化的形成及发展 ▪

一、孝文化的形成和发展

孝的传统文化包括了敬爱父母长辈、尊老敬老，以及敬养父母、生育子孙、推恩及人、忠孝两全、深切缅怀先辈等，是一种从个人发展到整体，向修身、齐家、治国、平天下的方向延展攀高的系统。

（一）先秦时期萌芽与发展时期

《诗经》中记录"率见昭考，以孝以享"，"孝"初具雏形。《礼记·礼运篇》中记载"使老有所终，壮有所用，幼有所长，鳏寡孤独废疾者，皆有所养"的大同社会，反映出孝意识在原始社会出现萌芽。"孝"在《诗经》中出现了 17 次，并多次出现在各种西周器皿刻字上。

殷与西周时期人们祭祀祖先，但是，与殷族不同的是，周人的祖先崇拜不仅是一种宗教和政治行为，而且是一种伦理行为，包括强烈的尊重、纪念等血亲行为以及添加了奉养父母的新内涵。

春秋战国时期，儒家文化的创始人孔子在"孝"思想和理论上丰富和发展了孝文化的内涵，提出"孝是仁"的基础，从此"孝"被推到了一个很高的地位。"仁"是一切美德的总和，"孝"是一切美德的源泉和总的"基础"。"孝"在整个传统理论中已经上升到核心地位。同时，"孝"为所有人确立了"孝道"道德标准，"孝"成为当时协调亲子关系的伦理尺则和宗法道德的基础。

（二）汉魏隋唐深化和发展时期

汉代政府确立了以孝为核心的社会治理准则，将孝视为治国理民的主要精神基石。由于传统儒家思想体系中独立性地位的逐步确立，孝对保持社会等级有序、保持君主权力的价值越来越明显。

从魏晋到隋唐 700 多年来，虽然孝道观念有时影响力大，有时影响力小，但每个朝代的统治者都不约而同地坚持汉代孝道来进行封建统治和文化传承。在这一时期，最重要的发展成果是孝道的基本精神运用到了法律领域，统治者们纷纷依靠法律力量来促进孝道，从而实现对整个社会进行良好的控制。

（三）宋元明清极端化时期

宋、元、明、清时期，理学盛行，思想固化，"程朱理学"成为一种社会正统思想。新儒家认为孝是一种内在的伦理属性，对孝进行了深刻的伦理探讨。儿子孝顺父母是自然的，是不可侵犯的。同时，孝的特殊性、绝对性和约束性进一步加强。孝道的基本要求是要无条件服从父母。孝道进一步成为加强君主制和父权专制的工具，孝道文化在实践中变得极其无知，走向极端化、愚昧化、僵化、腐败化。

（四）近代以来孝文化的变革时期

一批文人先驱以自然人文的视角揭示了封建传统孝文化的专制性与绝对性，把传统孝文化纳入了时代的发展大潮。在"五四"新文化运动发展时期，遭到批评的传统孝文化也开始逐步走向了"新孝文明"。人民群众对现实问题的关切也日益强烈。很多人冲破了家庭的羁绊，站在新时代的前面，将世界和社会发展当成了自己的责任，为国尽孝。

以天下为己任，尽孝为国，已成为一种新的文化精神。抗日战争时期，国共两党都以儒家的孝文化为精神力量和思想武器，动员和团结人民抵抗外来侵略，传统孝道文化继续发挥促进共同发展的作用，孝文化变得越来越适合时代发展。

二、责任伦理的形成和发展

（一）责任观念的萌芽阶段

在中西方的发展史上都有对责任的探讨。在西方思想史上，古希腊时期的苏格拉底认为"普良公民就是责任"。"普良公民"就是拥有一定才能并对集体作出一定贡献的精英阶层公民。伊壁鸠鲁与亚里士多德主张，社会责任理论表明人们必须为自身的所作所为和选择而承担相应的社会代价。在我国思想史上，儒家主张个人责任有两个内涵：一是臣民对国君、皇帝对"天"的主动尽职和效忠；二是个人对于自己的言行及产生的不良后果和过失承担责任。

（二）责任观念的发展扩展阶段

在西方，"责任"一词在 18 世纪之前只是一个法律范畴。到 19 世纪下半叶，这个概念扩展到了其他学科。20 世纪以来，特别是第二次世界大战后，"责任"概念上升为当代伦理学的一个基本范畴，但对其内涵尚无共识。"责任"向更多的领域扩展，责任的影响力不断扩大。责任具有普遍性和复杂性特点，成为许多学科的共同范畴。

（三）责任伦理的首次提出阶段

责任伦理最早由韦伯在 1919 年发表的题为《政治作为一种职业》的演讲中提出。韦伯认为有两种不同的政治理念：信仰伦理和责任伦理。韦伯指出，信仰伦理是以一种终极的信仰与信念所引导的政治行动，而责任伦理原则是对一个人政治行为的投入，是基于一种清醒自觉的内在责任心。韦伯的责任伦理学指出，在人们的政治活动中，人们都应该由政治义务和行动的结果开始①。同样，他的责任伦理学也意味着人们履行义务的"天职"，即他希望人们将自己的政治职务或职业活动当作一个非世俗的职业，以真正超出世俗的精力，经过努力、专心的劳作，人们从最热爱自我中显示出最真挚的情感，从而形成自我的人格，以体现对于上帝的忠诚与敬畏。

第二节　责任伦理与孝文化的人物观点

一、孝文化的核心思想

中国是目前世界上老年人口最多的国家，养老问题是我国政府以及千千万万个家庭共同关注的重大问题。中国养老思想源远流长，博大精深，在探究当代养老方式过程中，发掘极具智慧的东方养老思想具有重要意

① 苏玲，肖东平. 责任伦理与伦理责任：兼论当代大学生责任的伦理要求［J］.佳木斯大学社会科学学报，2008，26（6）：20-21.

义。中国古代养老文化主要体现在孝文化、传统养老尊老的家庭养老思想、古代及人之老的社会养老思想、古代矜老恤幼刑罚观念、忠孝两全家国一体、古代老妪观念等方面。

孝文化源远流长，从古至今一直作为中华民族的传统美德被国人乃至世界人民认可。孔子作为儒家学派的代表人物，"仁"是其思想的核心，透过其言论可看出孝文化在其心中的崇高地位，被看作"仁"之根本。《论语》有言："孝悌也者，其为仁之本欤。"《孝经》中也曾有这个思想，认为孝道，如天道的运转，永恒不变；如土地顺承万物，各得其宜，是人类必有的行为。并且天地万物之中，是以人类最为尊贵的，而在人类所有的行为中，没有比孝道更为重大的了。孝的地位在古代被认为是崇高无上的。在《劝孝歌》中也提到，孝作为众多美德中最为重要的，数不清的诗书都在讲，倘若为人子女不对父母尽孝道的话，与牲畜也就没什么区别了。这些足以体现孝文化的重要性。

中国传统的孝文化主要体现在以下几个方面：

（一）孝养

在孝文化体系中，一马当先的当数"孝养"。子女若欲报恩于父母的辛苦养育，反哺父母，尽心尽力照顾父母是为人子女应尽的义务。《诗经·小雅·蓼莪》有句："父兮生我，母兮鞠我。拊我畜我，长我育我，顾我复我，出入腹我。欲报之德，昊天罔极！"《孝经·庶人篇》亦有此观点，认为利用自然的季节，认清土地的高下优劣，行为谨慎，节省俭约，以此来孝养父母，这就是普通老百姓的孝道了。《礼记·内则》也认为"孝子之养老也，乐其心，不违其志，乐其耳目，安其寝处，以其饮食忠养之"。无数的中华优秀经典都毫无疑问地告诉中华儿女深刻的道理，欲报恩于父母也，养为大。照料父母并不是一件简简单单的事情，祖先用其智慧为我们提供了参考的范本。

（二）孝敬

孝养父母，使得父母寝食皆安，虽然是首要的、不容忽视的，但按照中华民族的传统礼仪与长幼尊卑，尊敬父母更是为人子女一项庄重的义务。《论语·为政》中有记载，子游请教孔子什么是孝。孔子说，现在所谓的孝，是指能够奉养父母，就连狗与马，也都要饲养。父母和狗马都能养活，如果不能尊敬父母的话，那么奉养父母和饲养狗马还有什么区别呢？可见，作为儒家学派的两位代表人物，不仅将尊亲看作是首要的，并且将其作为区分人与牲畜的标志。《论语·为政》中提到，敬亲要保持对父母恭敬的态度。《礼记·曲礼上》说："凡为人子之礼，冬温而夏清，昏定而晨省。"早上要去省亲问安，这作为中国古代一项传统的礼仪，体现了尊敬父母的重要性。

（三）悦亲

悦亲，从其字面意思即可以看出，认为孝顺的子女就要使得自己的父母高兴、愉快。《孟子·离娄上》记载了一个故事，说曾子奉养曾皙，每餐必定有酒和肉，将要撤去时必定请示要把它们给谁。如果曾皙询问："有没有多余？"曾子必定说有。《礼记·祭礼》中说，孝子之有深爱者，必有和气；有和气者，必有愉色；有愉色者，必有婉容。

（四）孝顺和孝谏

所谓孝顺和孝谏，即是说为人子女，首先要表示顺从，不违背父母的意愿，但是这种顺从并不是绝对的，当父母有什么过失之处时，就要进行"孝谏"，即向他们提出自己的见解和意见。古代有很多记录子女要对父母表示顺从的文献。比如，在《礼记·祭统》《礼记·曲礼上》分别提出："孝者，畜也。顺于道，不逆于伦，是之谓畜。""见父之执，不谓之进，不敢进；不谓之退，不敢退；不问，不敢对。此孝子之行也。"

（五）孝思和孝继

所谓孝思，即要求为人子女要时常挂念着自己的父母。比如《论语·里仁》提到，做子女的要记住父母的年龄。这样，一方面可以关心父母的健康问题；另一方面，为父母的衰老和疾病而忧惧。孝继即做子女的要继承父母的志向。比如，《中庸》提到，孝顺的孩子擅长继承父母的志向并帮助父母去实现未完成的志向。同时孝继还有一个意思，是子女要为父母延续后代，比如在我国流传已久的"不孝有三，无后为大"说的就是这个意思。

（六）丧祭之孝

在我国古代，对父母的丧祭之礼十分重要，甚至比日常对父母的生活照顾供养还要重要。比如，孟子讲道："养生者不足以当大事，惟送死可以当大事。"可见在古代圣贤心中，对父母的丧祭之孝地位之崇高。

二、孝文化的不同层次

(一) 古代养老尊老的家庭养老思想

在中国古代，家庭养老在老年人的晚年生活照料中占主体，在春秋战国百家争鸣之时，无数圣贤也对其发表见解。佛教、道教的传播也促进了家庭养老尊老的传统。

1. 孔子的养老思想

孔子认为，为人子女对于父母的供养，评判的标准不在于多么丰盛奢华的物质生活，而在于是否尽心尽力去供养父母。《礼记》子路曰："伤哉，贫也！生而无以供养，死则无以为礼也。"孔子曰："啜菽饮水，尽其欢，斯之谓孝。敛手足形，还葬而无椁，称其财，斯之谓礼。"《论语·学而》也有言："事父母，能竭其力。"

2. 管子的养老思想

管子认为对父母的供养是为人子女的美德，士、农、工、商无论哪一个阶层都应该奉行孝敬父母、为父母养老的美德。《管子·大匡》中提到，士，立身谦恭，敬重老人、官长，交游不失礼节，行此三者，举为上等；具备上述两个条件，属于其次；具有一条，属于下等。种田者，非常出力，顺于父兄，而且多服其劳，有此三者举为上等。管子与孔子的主张较为相似，认为无论在哪一阶层，孝顺父母，子女尽心尽力即可，并且坚持不懈怠。管子还主张"老老"：国家应设置"掌老"官，免除老人征役义务，政府还相应地配给酒、肉；"问疾"：设置"掌病"官，代表君主慰问老人。

3. 墨子的养老思想

墨子认为"君臣父子皆能孝慈"是天下治的一个方面，反之，则为天下之害。《墨子·兼爱》主张："是以老而无妻子者，有所侍养以终其寿；幼弱孤童之无父母者，有所放依以长其身。"墨家学派兼有家庭养老和社会养老的观点，通过天下人对于老人的兼爱，进行养老。

4. 曾子的养老思想

曾子继承并发展了孔子的养老观点。《大戴礼记·曾子大孝》云："民之本教曰孝，其行之曰养。养，可能也；敬，为难。敬，可能也；安，为难。安，可能也；久，为难。久，可能也；卒，为难。"主张要对天下百姓进行教育，供养父母、尊敬父母。曾子也认为要尽心尽力供养父母，"尽力而有礼，庄敬而安之"。

5. 孟子的养老思想

孟子认为应该"制民之产"，使得天下百姓"仰足以事父母，俯足以畜妻子，乐岁终身饱，凶年免于死亡"，并且"五亩之宅，树之以桑，五十者可以衣帛矣。鸡豚狗彘之畜，无失其时，七十者可以食肉矣。百亩之田，勿夺其时，八口之家可以无饥矣。"这样老人就可以得到供养。

（二）古代及人之老的社会养老

虽然在我国古代，家庭养老占有主体地位，但早在两千多年前，就有了社会养老的萌芽。孟子主张尊敬自己家里的长辈，从而推广到尊敬别人家里的长辈；爱护自己家里的儿女，从而推广到爱护别人家里的儿女。孔子倡导人们不单奉养自己的父母，不单哺育自己的子女，要使老年人能终其天年，中年人能为社会效力，让年幼的孩子可以健康成长，让老而无妻的人、老而无夫的人、幼而无父的人、老而无子的人、残疾人都能得到社会的供养。《管子·轻重己篇》提到，"民生而无父母，谓之孤子。无妻无子，谓之老鳏。无夫无子，谓之老寡。此三人者，皆就官而众，可事者不可事者，食如言而勿遗。多者为功，寡者为罪，是以路无行乞者也。路有行乞者，则相之罪也。"这些思想都推动了社会养老的发展。

（三）中国古代的矜老恤幼刑法思想

中国从古至今依法治国，在我国刑法中，矜老恤幼的立法传统从古至今，源远流长。这种传统，极大地体现了中国古代对于老年人等困难群体的特殊关照，在历朝历代皆有体现。

矜老恤幼的思想发源于西周时期，在许许多多的文献中，都体现了这种思想。比如《礼记·曲礼上》中提到，七十岁已到告老的年龄，应将工作责任交付后人。到了八九十岁，视力听力心力皆衰耗，可称为"耄"。到了耄年的人和七岁天真可爱的儿童一样，即使犯了什么过错，都是可以原谅的，不施以刑罚。由于封建等级制度的影响，矜老恤幼政策对于维护封建统治起到了很大的作用。

在秦汉时期，继承了西周有关于矜老恤幼的思想。秦始皇统一全国以后，建立了以皇帝为中心的高度集权的政治制度，使皇帝成为集立法、行政、司法大权于一身的最高主宰，"法治"和"重刑"是法家的基本主张。从历史记载中可以看出，秦始皇执政以后，把法律、法令推到治国的最高位置，长期的法治使法律、法令在秦朝社会生活中具有广泛的权威性。秦朝时期人们处在法律的高压之下，但到了汉代有所改善，比如在《汉书·刑法志》中提到，80岁以上，8岁以下，有身孕的人、侏儒等，宽容待之。老人已经头发牙齿脱落，气血皆衰，应当容之，可免死罪。由此可知，在汉代，法律不再是呆板统一的，表现出了对于老弱病残等困难群体的宽容。

在魏晋南北朝时期，更是延续了"矜老恤幼"的刑法原则。在《晋书·刑法志》《魏书·刑法志》中都有记载，比如规定年满80岁的老人，如果不是犯了杀人之罪，其他罪行就不用论处。这都体现了在魏晋南北朝时期国家对于老人的优待。重要的是，在魏晋南北朝时期，为了加强封建君主专制的控制，体现君主对于百姓的宽容，创新发展出了死刑复奏的制度。

隋唐时期矜老恤幼的思想也得到了极大的发展。在《隋书·刑法志》《唐律疏议》《唐律疏议·名律例》中，都对老幼犯罪的宽容处罚进行了较为详细的规定，比如对于七十岁、八十岁的人，即使犯了死罪，也不进行处罚。

在宋元明清时期，法制化程度更加完善，针对矜老恤幼的规定也更加的人性化，在各个时期的刑律中都有详细的体现。《宋刑统》是中国历史上第一部进行出刊的刑律，在这部刑律中规定："诸年七十以上、十五以下及废疾，犯流罪以下，收赎。八十以上、十岁以下及笃疾，犯反逆、杀人应死者，上请；盗及伤人者，亦收赎，余皆勿论。九十以上、七岁以下，虽有死罪，不加刑；即有人教令，坐其教令者。若有赃应备，受赃者备之。诸犯罪时虽未老疾，而事发时老疾者，依老疾论。若在徒年限内老疾，亦如之。犯罪时幼小，事发时长大，依幼小论。"元朝统一后，许许多多的刑律颁布。比如，《元史》中记载了对于70岁以上老年人群、15岁以下儿童的宽容政策。明朝时期，封建社会趋于成熟，依法治国政策的作用甚为严格，但其并未忽视刑律中的礼仪教化。比如在《明史·刑法志》中就有多处对于矜老恤幼的政策。清朝时期更加完善，比如在《大清新刑律》中规定对于年龄不到 16 岁的未成年人还有 80 岁以上的罪犯进行适度的减刑。

（四）家国一体、忠孝两全——老年人崇高的地位

我国自古以来实行封建君主专制，无论是宗法制还是其他的一些制度，都将君主领袖的地位推向了顶峰，并且我国古代倡导家国一体、忠孝两全。这样一来，家庭的尊卑制度仿佛变成了宏观的封建君主专制尊卑地位的一个缩影。把孝敬父母同侍奉君主相提并论，无疑在全社会树立了家长即老年人崇高的地位，使得国家与家庭的功能性质相统一。例如，《册府元龟·帝王部·养老》说："古之为政，先于尚老。"比如《礼记·哀公问》中记载鲁哀公问孔子，怎样去处理政事呢？孔子答道，使得社会上的丈夫与妻子、父母与子女、君主与臣子之间的地位关系有所区别，关系理顺，就可以把国家政事处理好。

（五）中国传统思想中的老妪观念

老年人群体因为年长所以富有经验，一般在社会上有着很高的地位，但是，夏商之后男权社会逐渐形成，老年人的崇高地位发生了很大的变化，表现在这种崇高的地位并不是所有老年人都可及，而是有了性别角色分化。

1. 儒家的老妪观念

老妪，即古代的老妇人。由于男女生理性格上的差别，导致性别角色分工的不同，自古以来一直都是普遍的男主外女主内，儒家的老妪地位观一般是在家庭关系中去分析，以家长制思想和男权思想为背景，去分析微观家庭中的各种伦理关系。比如说，儒家学派认为在家庭关系中，首先要考虑的是妻子与丈夫的地位关系。关于此点，儒家在汉代之前，虽然仍是男权社会，但认为丈夫与妻子的关系应该是平等的，为人妻子所要承担的一些基本的义务与伦理责任是以丈夫的尽职尽责为前提的。比如"夫妇有义""夫和妻柔"（《左传·昭公二十六年》），此时老妪的地位还是较高的，一方面作为长者，另一方面在家庭之中也没有受到歧视。但到了汉代，三纲五常的流行，打破了儒家原来较为平等的夫妻观。首先，"夫为妻纲"，要求丈夫的地位如同君主对于臣子一样，无条件地凌驾于妻子之上，妻子必须服从于丈夫。那这个时期，古代老妪的地位急剧下降，老妪

虽然作为长者，但是老妪的特权是以尊重丈夫为前提的。其次，母凭子贵。虽然爱情是美好的，是神圣的，但婚姻的结合，在中国古代却不是爱情那么的罗曼蒂克，更多是为了繁衍子嗣，是为了给男性留续后代。古代男权社会，在妻子服从于丈夫的家庭地位观的基础上，一个女性的地位，除了取决于丈夫的地位，在家族中，更取决于是否有一个可以维护自己尊严和地位的儿子。这种观念在当代一些农村中，仍然对于农村妇女的地位有着重要的影响。最后，婆媳关系。自古至今，许许多多的典籍中对于婆媳关系进行了探索，中国的婆媳关系中包含了复杂的伦理。由上可知，在家庭关系中，老妪的地位可谓是"岌岌可危"。但是，在古代婆媳关系中，老妪的地位一直是高高在上。在家庭关系中，老妪面对丈夫和儿子总是受到各种各样的地位限制，而在儿媳面前，可谓是无限风光。但这种表面的风光不禁让我们思考，是否是实际意义上老妪地位的提升，显然不是。这种风光背后，更多是隐藏着古代女性在男权社会中受尽的无限压抑。

2. 道家的老妪观念

道教自古以来就是一个崇尚自然的学派，由此，道教对于老妪地位的观念与儒家学派有着很大的不同，其对于女性地位的分析比较超脱，脱离于社会中的伦理纲常。自古以来，其实道教一直都是很推崇女性的地位的。正因此，道教对妇女的尊重，在中国传统文化中表现得非常独特。老子有言："万物负阴而抱阳，冲气以为和。"老子作为道家思想的"源头"，其言语、思想肯定给予了道家很大的影响。老子认为阴阳相合而为和，因此在道家的神仙理想中，女性具有与男性相同或相近的地位，男女平等，阴阳和谐，才是真正的和。老子的思想为提升女性意识，提高女性地位，起了理论上的先导作用。在道教的理论中，女性绝不是可有可无，更不可能是可辱可贱的。道教中对女性扮演的是这样一个角色：是具有独立地位、享有独立人格、神格，拥有独立意志、愿望的重要角色。道教思想从阴阳和合的理论出发，以尊阳而崇阴为基点，形成了"重阴阳，等男女"的鲜明特色。尊重妇女、男女平等是道教最具人文色彩的亮光。中国道教所具有的阴柔色调，以一种特殊的文化样式丰富了中国人的精神生活和内容。

3. 法家的老妪观念

法家对于女性或者是老妪的看法，相对来说最为功利，其完全将女性当作一种工具来进行分析。比如，首先，作为女性，女色对于国家起到一定作用，可以破敌国，可以制政敌，可以搞情报，可以破疑案。其次，在男权社会中，女色更是作为男性行乐的工具，君主自古后宫佳丽三千。最后，女性由于其生理功能，最常见的工具论看法莫过于将女性看作是男性的生育工具。从工具论的角度来分析古代老妪的地位，可谓是苦不堪言，由于老妪的年老色衰，即使是被当作工具，老妪也没有什么可以利用的价值。

凡事具有两面性，古代东方智慧博大精深，充斥着对于老年人的各种正面抑或是负面的评价与看法，无论是正面或负面，都对当代老年政策的制定有所启迪，应取精华去糟粕而用之。

三、责任伦理内涵

20 世纪初，马克斯·韦伯首先提出了责任伦理这一概念，他是德国的著名哲学家、社会学家。韦伯认为责任伦理就是对自己的所作所为和做事产生的后果负责，只有认识到责任的重要性并承担了责任，才能真正获得人的尊严实现人的价值。在处理政事上，韦伯认为责任伦理主要是指从政者应该抱有求真务实的态度，对自己的行为和结果负有一定的责任，对服务对象负责，使从政者们在处理事情时树立起责任意识。在韦伯看来，政治是一个特殊的领域，政治家的行为是否具有道德性，不仅仅看作此行为的原因，也要把行为产生的后果纳入道德判断标准。自从责任一词产生之后，伦理便与责任一起出现，责任与伦理相伴相生。

汉斯·约纳斯是德国的学者，在 1979 年出版《责任原理：技术文明时代的伦理学探索》，从而使责任伦理学兴起。约纳斯在这本书中提出了一种不同于传统观念的责任。他的观点不是研究传统伦理和现代伦理的道德规范，也不是人与人之间的规范，而是发展责任伦理的概念，尝试着对科技时代的伦理进行本体论解释。约纳斯想回溯亚里士多德的思想，再次发掘伦理观，包括他的目的论和古代本体论的传统。他认为行为的后果对自然和人类的未来负有责任，从自然本体论的角度论证了技术时代的伦理，批判了现实的虚无主义。对责任伦理的分析为我们更科学地理解企业责任伦理和现代技术文明提供了更好的理论参考。近年来，责任伦理与孝文化观念得到发展和创新。

后来有些学者学习韦伯的责任伦理观念，特别是利己利他方面，根据其中的责任伦理观念来阐释儒家的伦理观念。在我国传统的世俗伦理中也强调责任一词。

梁漱溟是现代新儒家的早期代表人物之一，有"中国最后一位大儒家"之称。他看到，由于高度责任感，中国传统伦理中的个体更早更好地解决了人的问题，在解决问题之前完成了"自我发展"和"成人"的塑造，提出了"理性早期启蒙"和"文化早期成熟"的理论。显然，从中国传统伦理来看，责任已经深深地埋在了中国文化土壤中，融入了精神骨髓。从先秦起，儒家思想在各个朝代得到继承和发展且经久不衰，其思想体现着强烈的责任伦理观念，形成了一个独立的、完整的思想体系，始终贯穿着责任伦理和孝文化，这是儒家伦理道德思想的一个基本特征。责任伦理也是源于孝文化，在时代的变迁下不断发展，我们需要重新认识孝文化。随着现代社会文明的发展，责任伦理的概念也与时俱进，以现代角度阐释中国传统孝道文化，体现了中国孝道文化的现代伦理内涵，倡导把孝道融入情感、家庭和实践。责任伦理与孝文化观念在继承和发展创新中形成一种思想文化体系，散发熠熠生辉的光芒。

第三节　责任伦理与孝文化的实际应用

"百善孝为先"，中国自古以来就是一个重视孝文化的国家，在世界文化体系中，"孝"是最具普适价值的因素。然而责任与孝是密不可分的，在老年社会工作领域承担一定的赡养老人责任是一种孝的体现。

责任是承担一定角色的人应当担负的任务、职责、使命。不同的人承担不同的责任，例如医生承担救死扶伤的责任、老师承担教书育人的责任、服务员承担顾客第一的责任……那么对于老年群体来说，我们作为子女应该承担赡养老人的职责。当今社会"空巢老人"的现象越来越多，这反映了社会上独居老人的心酸。子女在外打拼没有时间回家看望父母，我们应该倡导常回家看看，这不仅是赡养老人的体现，更是一种对他们精神上的抚慰。孝文化强调只要人们认识到中国文化中的孝文化，并遵循孝道，任何新的质的因素都可以在历史演进的过程中被吸收到中国文化之中。如果说中国文化与现代社会中的新质因素之间有着不相融合的问题的话，那是因为我们没有找到处理它们之间的关系的门径；或者说，由于我们缺乏促进它们相融合的自觉性，所以把它们对立了起来，才使得我们更多地看到了它们之间冲突的一面。

一、责任伦理与孝文化的处置原则

（一）充分了解老年人的实际需要

近年来，由于社会价值观的变化以及教育水平的提高，对于老一辈人群而言，自身的需求在扩展变化，包括健康长寿需要、工作和学业的需要、安全要求、娱乐需要等。由于资产累积的增加以及经济保障制度的健全，现代老年人的生存需要呈现出多样化发展趋势。我们需要全面理解老年人的社会需求，并满足其多方位的社会需求。

（二）倡导最为基本的孝行准则

老年人群，他们对子女的期待并不仅仅是最低层次的物质需要，还有更深层次的精神需要。尽管孝的概念或许会因为社会的发展而变化，但我们也主张践行现代社会最基本的孝道行为准则。

（三）利用节庆效应弘扬和传播孝文化

中国传统节日，涵盖了春节、清明、中秋、重阳等节日，看重社会人伦与亲情。自古以来，在这些中国传统节日中始终贯穿着深厚的社会人伦感情。如夫妻恩爱、亲慈子孝、感恩长辈、关爱晚辈，这些中国社会人伦方面的基本价值观，都在中国仪式化活动中得到了体现。也因此在一些节日，如春节、清明、中秋，中国人通常都要祭先拜祖，这也体现出对先人的崇敬与纪念。"每逢佳节倍思亲"也直接道出了人伦亲情和中国传统节日之间的关联。所以，人们需要在节日期间，不断传播以孝文化为内核的家人关系。

二、责任伦理与孝文化的运用及案例分析

这里我们有两个案例，一个是丁水彬服务老年人案例，一个是济南某

地孝文化节。

例1：在一楼一间悬挂着"居家养老服务站"招牌的大办公室，看到了正在与孤寡老人愉快拉家常的丁水彬。朴素的衣着、热情的语言、亲切的微笑，淳朴亲切得如同春天的暖风，抚摸着一位位孤寡老人……这便是西安市雁塔区红专南路街道居家养老服务站工作人员丁水彬每天的工作。水彬心善，特别有孝心，她一看到可怜的老人，心就不由得柔软了。有次，一位老母亲带着双腿残疾的孩子来水彬早点摊吃豆腐脑，她看见老人从皱巴巴的口袋里翻出不多的零钱，心里很难受，就坚决不收钱。她姨父不幸去世后，为减轻姨妈的负担，她便买了台旧缝纫机，靠给人缝补衣服维持生活。凭着自己的好手艺，一个月也能挣三四百元。这些钱，她全部拿回家孝敬姨妈，以报答姨妈的养育之恩。① 在丁水彬身上我们看到了真诚和善良。人所承担的角色不同，责任也就不同，对丁水彬来说，报答养育之恩是她义不容辞的责任；对我们来说，为人子女孝敬、赡养老人，是义不容辞的责任，是做晚辈的天职。

例2：为弘扬和传播孝道美德，促进良好社会风尚的形成，济南市长清区孝里镇在每年的农历正月十六至二十二都积极举办孝堂山民俗旅游节。而传统的孝堂山庙会活动，已逐渐办成了具有较强吸引力和鲜明特点的大型区域性庙会活动，在扩大文化交流、促进社会经济和谐发展等方面，都取得了重要成效。宣传孝文化，并不仅仅局限在课堂上、书本上，更要倡导实践的社会意义。案例中的济南市的做法正是回应了这一要求，通过开展孝文化的公益活动并引导大家前去游玩，来传播孝文化。

孝心，是人的一种自然而然产生的亲情情感。人都因其父母而来到了这世间，也就是由于父母无私的爱心，才让自己可以茁壮成长起来。"谁言寸草心，报得三春晖。"孝心是我国传统文化的精髓，而父母对我们的培养也使我们终身得以成长。在孩子年幼时，家长为孩子尽心操心，是家长的责任和本分。家长和子女之间的情感关系是自然形成的，而不是由外力所强加的，与之关系是不间断的道义情感。出于对父母亲的关爱与尊敬之上的孝心起初只是对孩子天性与爱心的觉醒，但通过强化教育与训练后，会慢慢成为孝道。从而更进一步，逐渐变成了个人责任伦理。

---

① 贾宏雄，易罡．孝文化漫谈［M］．北京：新华出版社，2015.

第四节 责任伦理与孝文化的影响及评价 ·······················■

责任伦理认为，人类行为的发生完全是出于个人自发的内在责任感，即人们履行职责的"责任感"。该伦理主张人类将自身的职业能力及职业行为，视为一项超出个人功利目的的事务，以真正超然的心态与精力，经过努力敬业的工作，从对生活的热爱中体现出自我的世俗情感。而孝文化作为中国特有的、中华民族传承已久的、在血缘关系基础上形成的特殊情感文化，其存在的核心也是依靠子女对父母的一种回馈、回报心理，即子女的一种心甘情愿、发自内心、油然而生的对照顾父母晚年生活的责任感。由此，从本质上来说，孝文化中是包含责任伦理的。

从某种意义上来说，传统的中华民族文明也可以称为孝的社会文明，而传统的中华民族社会，亦是根植于孝的社会。在当今蓬勃发展的中国特色社会主义现代化社会中，"孝"依然是深深刻印在中国人的道德观念中的。我们可以看到，即使是在生活节奏飞快的今天，被心中的责任感、思念情绪以及孝老、敬老的道德情感驱使着的部分年轻人，仍然会在忙碌的工作生活之余回家看望和照料家中老人。年轻人常回家看看，是长久的文化熏陶以及责任天性的使然。中国流传悠久的孝文化，也使得人们在赡养父母时习惯性地以家庭作为单位，喜欢自己亲力亲为照顾老人，这是我国居家养老为主的原因之一。

责任伦理与孝文化从古代一直延续至今，是中华民族一脉相承、烙印在华夏儿女内心深处不可磨灭的文化传统，深深影响着中国社会制度、模式、民族文化、民族精神的发展走向。中国古代社会并没有形成一种行之有效的养老体系，这使得老年人晚年只能依靠子女生活，而子女若是听从父母的训诫、满足父母的要求，其道德和品行也会受到社会的认可。由于古代对"孝"的重视程度极高，过于强调子女对父母的顺从，使得社会中呈现出许多愚孝的现象，而在现代社会中则体现为父母对子女行为、思想、生活方式的过多干涉和束缚，因此滋生了许多家庭矛盾，而这些矛盾又影响了子女对赡养父母一事所持的态度及行为。在当代社会中，家庭规模缩小数量增多、家庭对幼儿的关注逐渐多于老人、父母与子女两代人在各方面的差异等都对其提出了新要求，责任伦理与孝文化在新的社会现状下还需要作出许多与时俱进的改变。

┃思考与练习

 1. 论述中国孝文化形成发展的历史渊源。

 2. 简述孝文化的核心思想。

 3. 简述中国古代孝文化的不同层次。

 4. 请介绍一下责任伦理与孝文化的处置原则。

 5. 试对责任伦理与孝文化作出评价。

第二十一章

生死观

第一节 生死观的形成与发展

一、春秋战国时期

百家争鸣的春秋战国时代，与同一时期印度思想界诸家多以个人解脱的宗教性追求为宗旨不同。中国的诸子百家，虽然也还承袭自古相传的鬼神观念和祭祀制度，但对此类问题多存而不论，对人死后生前的问题无多考虑。其思考的着眼点，都在于现实社会的政治和伦理教化，以及集政治、伦理教化、个人修养为一体的所谓"内圣外王之道"。

儒家持理性实用主义、功利主义的生死观，眼光不出政道人伦圈子。道家哲学思考的落脚点也不离现实人事，持自然主义的生死观。

二、两汉时期

到了汉代，随着文明的进一步发展，伦理现世主义思想逐渐深入人心。儒、道两家打出"贵生"（《孝经》）、"重生"（《太平经》）的旗号，成为逐渐形成中的汉民族人生观、生死观的标志。

儒家生死观的鼎盛时期在两汉，在传统儒家文化看来，这个世界上，人们的生活中最主要的内容并非"自然生命"，而是"价值生命"。人的价值并不取决于人生的长短，而是取决于其所创造的价值，如果人的一生能不断地延长，其所创造的价值也就是无穷尽的。孔子也曾经讲过："未知生，焉知死?"所谓的君子精神，以自我修养为基点，拓展了其人生的宽度。

儒家有"三不朽"：立德、立功、立言。古人有言：虽久不废，此之谓三不朽。[1] 儒家的生死观，也就是从个人的身体中解脱出来，达到思想和精神上的永恒。中国的古人从万物生死中，领会出人的肉体不能实现永

---

[1] 左丘明. 左传·上 [M]. 杜预，译注. 上海：上海古籍出版社，2016.

生，便开始追求是否能够达到精神上的不朽。生死中所蕴含的深层意义，也在此时逐渐被儒家学派参透。儒家将其分为三个途径：崇高的品德可以使人世世代代传颂；建功立业可以让民众长久的受益；精辟的言论具有永恒的价值，故而三者都能使人超越短暂的生理生命的局限性，恒久地活在人世间①。这就是儒家"三不朽"的精神价值取向。此时，生被赋予了新的定义，而死亡也不仅仅象征肉体的消逝，如果能达到"三立"，那么在这段生命之中，就不会留下遗憾了。

道教产生在东汉末年，他们对于生死的主张主要是长生。在中国传统文化哲学中，道家学派应当是最为注重生命价值的学派，他们有着重生和贵生的意识。庄子秉承了老子的"道"之思想哲学，从"道"延伸到宇宙中，作为万物生命之根本。因此，庄子的生死观也是基于"道"的根本。在道教之中，道生万物，那么人便也是由道而生，所以人类都是依靠"道"而存在的。庄子认为，人类的生存属性是基于人类的自然属性，人类的生命价值就合乎于"道"，即"自然"的观念。道家重生贵生，把个人生命看作是世间最宝贵的存在。

佛教自东汉时从印度传入。就人死神灭与否的问题，佛教徒与无神论者展开过多次论战，将中土人士对生死问题的思考推向深化。在印度，大多数佛教徒认为人死后会去到不同的世界，有的到西天极乐世界享福，有的下地狱受苦，决定他们去往哪个世界的则是人一辈子所做的福与孽。但禅宗却认为，这一切不过是镜中花、水中月，并不可信。禅宗并没有直接地告诉后人"死往何处去"，因为这确实不是言语所能表达的。但在后世流传的禅宗故事里，我们能看到禅师们在面对死亡大限到来时，总是表现得那样的从容不迫，有的端坐而逝，有的垂手而逝，有的说完话后逝去，没有痛苦，也没有留恋。为什么禅宗在面对死亡时，都非常洒脱？因为他们认为，肉体的消逝只是一种现象，故而禅宗有言"大死一番而后生"。人只有勘破心念的生死，才能真正超越生死。佛教看到了生命的脆弱性，肯定人有生、老、病、死。整个世界也没有永远存在的道理，只是在瞬息万变的边缘开始的，缘聚则生，缘尽则灭。佛说："众生可愍，常住合冥，受身危脆，有生有老，有病有死，众苦所集，死此生彼，从彼生此，缘此

---

① 郑晓江.论文山精神与爱国主义［J］.江西社会科学，1993（1）：11-14.

苦阴，流转无穷。"这是在说，世俗众生都在愚昧黑暗之中，看不见我们的生命是非常脆弱与危险的，有生有老，有病有死，有与生俱来的苦难。因此，大家都是在苦里生活，从生到死，永远流转没有出离之期①。佛教认为，由于生命很脆弱，所以我们必须要有新的生活。既已知"人生难得"就要好好活下去，我们应该注重生，只有生活得有意义，了解佛法，了解生命的真谛，我们才能在死亡来临之时不再恐惧。

汉族现世主义的人生态度，使在中土流传的一切思想都不得不受其制约，使儒学始终以政治伦理为中心，使道教以长生不死为信仰，使佛教主流禅宗以顿悟成佛，当念解脱，获得一种洒脱、超然的生活艺术为特质。佛教入华后，中土思想界基本上为儒、佛、道（合道教与道家）三家鼎立的格局，维持近两千年之久。三家的生死观，免不了在互相吸收融摄、互相排斥斗争中发生相互作用。中国知识分子的生死观，大抵出入、依违于三家之间，接受佛家生死轮回、因果报应说者固然不少，但以儒家、道家思想为本者居多。不少思想家持理性实用主义、自然主义的生死观，虽然也免不了吸收佛家哲学观、心性论等思想因素，却多排拒、反驳佛家的生死轮回说。道教则融摄吸收佛家生死观，用以组织、改造自家的教义体系，然尚有其独具特色的生死观。

三、魏晋南北朝时期

魏晋南北朝时期人们的生死观呈现出多元化趋势。一方面，魏晋玄学生死观继承了道家对生死问题的思考，以自然主义的态度和对个体价值意义的肯定超越了两汉儒家生死观，但未能彻底解决自身内部的矛盾性。这种矛盾性在东晋南朝以后逐渐化解，从而表现出宁静致远的趋势。另一方面，以佛教道教为主题的宗教生死观与玄学生死观同时并存，对人们的人生思想也产生了深远影响。"形神之辩"在某种意义上也可看作是不同生死观的对立冲突②。

---

① 海波. 佛教的生命智慧 [J]. 中国宗教，2014（6）：48-49.
② 陈群. 魏晋南北朝的生死观 [J]. 淮阴师范学院学报（哲学社会科学版），2003（4）：503-508.

四、隋唐时期

隋唐崇尚儒术，但在重儒的同时，还提倡佛教和道教。佛教和道教都是宗教，都主张与世无争，积德行善，有利于统治秩序的稳定。特别是佛教和道教在生死观上都有一套理论，如佛教宣传"生死轮回""因果报应"，以求得死后超生；道教研究养生之道，修炼长生不老之术。这些对封建帝王直至平民百姓都有极大的诱惑力。整个唐代，儒、佛、道三教虽间有此消彼长，但总的来说，在政治上还是儒术居于主导地位，而佛教和道教只是作为信仰和精神寄托。

第二节 古今中外哲学家的生死观

生与死是人生中最重要的问题，有人会觉得生与死的问题很远，所以从来就没有思考过这个问题，每天都生活得很快乐，又何必考虑生死这样沉重的问题？这显然没有对人生认真思考。但是有许多人就会正视生与死这人生中最大的两个节点，主动思考这个问题，因为这是影响精神生活品质的重要一环。事实上，人在求生的历程中，死亡也在一步步向我们靠近，死亡是完整人生的一部分。对于老年人来说，所剩的时间并不多，常常不得不面对死亡议题。为此，必须正确看待生与死的问题，树立正确的生死观，并在两者之间建立人生价值与意义。

一、中国古代哲学家的生死观

（一）儒家生死观

在中华优秀传统文化中，儒家思想占据了明显的位置，并且儒家对生死观的研究也是思想珍库中最重要的一部分。儒家更加重视世俗生活，强调将德行作为人生的重要方针。孔子曾说："朝闻道，夕死可矣"；"未知生，焉知死"；"生死有命，富贵在天"。从"未知生，焉知死"这句话我们可以看出孔子的生死观，也就是说"生"是我们当下最先需要解决的问题，要知道为何而生，怎样度过自己的人生。如果生的问题没有思考明白，就不要着急考虑死的问题，并不是说不要考虑死亡。在孔子心里，"生"要比"死"位置更加靠前。进一步讲，与普普通通的人生相比，儒家更加信仰崇高的生命，也就是人生的意义和价值，所以孔子的"杀身成仁"通过"生"和"死"的冲突集中体现了崇高的生命。"崇高之生"就在对国家、社会和家庭的责任中体现出来。但是孔子的生死观也是不全面的。"未知生，焉知死"是片面的，重视生而忽视了死亡，对死亡有较少的考虑，甚至是避开对死亡的研究。但是同时也告诉我们要把我们有限的时间和精力集中在"生"上，更加专注于我们人生的价值的实现，这都是孔子生死观中积极的意义。正是因为生命有限，我们才会觉得生命是可贵的、值得珍惜的。

（二）道家的生死观

道家对待生死的态度，是被许多文人墨客、知识分子欣赏的态度。人类生活在这个复杂的世界，行为举止总会被各种各样的规则约束，既然我们总是被约束在一个封闭圈内，并且无法摆脱周围的复杂环境对我们行为的束缚，那我们就需要在精神上寻求一种自由，以释放自己肉体的压抑。老子说："死而不亡者寿。"老子认为"道"是永恒存在的，而人肉体的存在是有限的，如果人能顺应自然并且与道相通，那么得道之人就可以超越有限的生命以达到与道同体的境界。所以老子说："从事于道者，同于道。""人之生也柔弱，其死也坚强；草木之生也柔脆，其死也枯槁。故坚强者死之徒，柔弱者生之徒。"由此可以看出，老子和孔子的生死观有一致的一部分，都将生与死隔开，更重视生而轻视死亡。

二、西方哲学家的生死观

西方哲学家对于生死的态度大约分为四个阶段。

（一）第一阶段：对死亡的诧异

在古希腊罗马时期，西方人在大自然中审视死亡和死亡的本性。赫拉克利特是西方哲学史上第一位用"自然的眼光"看待死亡的哲学家，他坚决抵制用非自然或者是超自然的原因来解释人类的死亡，而是选择从人自身来解释死亡，认为死亡是我们可以探索认知的。苏格拉底是西方哲学史上第一位从个人和社会的关联中来评估人生的意义和价值的哲学家，第一位从人生的有限性和无限性，把死亡和真善美联系起来考察，从道德伦理的角度提出勇敢对待死亡的观点的哲学家。苏格拉底认为"追求好的生活远过于生活"。① 他不害怕死亡，是因为他认为"是非、邪正、善恶、荣辱"比肉体和生命更高，"追求好的生活"的价值比生活本身的价值更高。在他看来，死亡是否能够灵魂轮回或者迁居彼岸，这是人类难以回答的问题。

（二）第二阶段：对死亡的渴望

在此阶段，西方人放弃用自然的眼光而是选择用宗教的眼光来看待死亡，认为死亡给人类带来了"永生"，是回到极乐世界的重要渠道，把对死亡后天国的向往转为对死亡的向往。这个阶段西方死亡哲学家生死观的基本特点是"厌恶生存，热恋死亡"，它的基础逻辑是"若不能死，便不能生"。托马斯·阿奎那是中世纪著名的神学家，倡导死后天国的幸福生活。他曾说"人在尘世生活之后还另有命运"，并且认为人生的目标并不是以实现其价值，而是"享受来世的天堂幸福"。

（三）第三阶段：对死亡的漠视

康德曾经表达"想得越多，做得越多，你就活得越长"。康德认为生命中存在痛苦和快乐这两种相对的情感，并且这两种情感在生命的长河中不断交错出现，而"痛苦又是活力的刺激物"，如果失去痛苦我们就会进入"无生命状态"，显而易见痛苦在生命中有重要作用。劳动的过程虽然很辛苦，但是它的成果会让我感觉到幸福。所以我们离开了劳动，生命就难以获得真正的享受。"风雨过后见彩虹"，也就是说，痛苦过后会迎来快乐。因此，康德总结出最令人愉快的生活就是处于紧张的劳动中的人所过的生活。

（四）第四阶段：直面死亡

在此阶段，西方人直面死亡而不是漠视死亡，他们积极地思考人生和规划未来。叔本华说过"死亡并不触犯生命意志"，他认为人的本质就是

---

① 色诺芬. 回忆苏格拉底［M］. 吴永泉，译. 北京：商务印书馆，1984.

追求生命的意志。但生命是一种永远无法满足的冲动，所以生命的形式是多种多样的痛苦。我们都要学会直面死亡。

第三节 生死观的实际应用

生死观在生活中的实际运用极其广泛，譬如医学、护理、临终关怀等。老年人是面对死亡议题的主要群体，老年人的生死观对于老年人服务、社会稳定影响重大。

一、生死观在临终关怀中的运用

临终关怀在当今社会有多重要？2020 年第七次中国人口普查结果显示，目前我国 60 岁及以上人口为 26402 万人，占 18.70%，其中，65 岁及以上人口为 19064 万人，占 13.50%。与 2010 年相比，60 岁及以上人口所占比重上升 5.44%。老龄化日益严重及人类病谱不断变化的今天，临终关怀服务不断进入人们视野。

临终关怀并不是一种治愈疗法，而是一种在患者将要去世前的几个星期或几个月内，专注于减轻其症状、延缓疾病发展的医疗护理。[①] 它作为近代医学领域新兴的一门边缘性交叉学科，是社会的需求和人类文明发展的标志。临终关怀出现的时间虽然只有二三十年，却已经逐渐普及开来。

身患绝症、生命垂危的患者在承受生理痛苦折磨的同时，其所要面对的死亡恐惧亦不容小觑。此时则由医护人员、社工、患者家属以及志愿者等多方人员共同参与，对患者的心理、精神进行抚慰、照料，帮助其无痛苦地度过人生最后时刻。

除了在治疗、日常起居生活中做到提高质量，以语言疗愈也是临终关照的重要一部分。社会工作者及心理学工作者等相关人员将对患者进行心理疏导，合理运用生死观的看法与观点使其尽量坦然面对死亡。

---

① 郭绍娟. 医务社会工作对癌末患者的介入思考［D］. 郑州：郑州大学，2013.

二、生死观实际运用的案例分析

此部分将举例来分析一下生死观在现实生活中的应用。

老林（化名），男，69岁。因中风瘫痪在床，被评定为肢体一级残疾。他情绪因此变得暴躁。2011年9月纵火自杀未遂，导致身体70%的大面积重度烧伤，严重危及了生命的安全，急需巨额的资金进行植皮手术。家属无法先拿出资金进行手术，况且由于老林年事已高加之身患多疾，所以即使进行手术，医生也把握不了手术成功的概率。因此，家人陷入了是否放弃治疗老林的痛苦抉择之中。

经过社工与家属就该问题的反复讨论、分析，最后其家人作出放弃治疗抉择，把老林接回家。毫无疑问，接回家一举即意味着他即将面临的是死亡。社工对此制定了临终关怀个案服务，通过减轻、消除临终者的病痛与其他生理症状、排解心理问题和精神反恐，使老林能够宁静地面对死亡、提高生命的质量，同时缓解家人的照护压力，促使其本人与家人对将面临死亡的结果做好充分的心理准备。

老林受重度烧伤的疼痛困扰，苦不堪言，社会工作者们需要引导老林家人对其生活环境进行优化。同时寻求适当途径，做好对老林伤口的护理工作，减少其疼痛以使老林感到舒适。在此基础上，是与主题相关的心理疏导，对老林本人及家人进行心灵、精神上的安抚来解除其心理压力和痛苦。因为老林烧伤严重，全身无法动弹，言语表达不清，胡言乱语，时常发出痛苦的哀号。社工无法与之进行直接的语言上的沟通，故社工选择从两方面推进———一方面引导老林家人主动倾听其诉说，跟老林一起回顾其人生历程，寻求其生命的正面意义，同时协助其实现之前没有实现的心愿等；另一方面，社工通过定期的家访陪伴老林，在家访过程中以积极的倾听、关注及回应姿势，眼神的鼓励等，向其表达关怀，提供了心理及情感上的支持，陪伴其度过了最后的人生时光。

老林家人也承受了巨大的痛苦和折磨，因此，社工在辅导的过程中也注重了加强对老林家人的关怀。一方面，社工积极地为老林家人联络其所需的护工资源、提供照顾老林的技巧以及注意事项，减轻照顾压力；另一方面，社工积极引导老林家人对老林死亡前的生活进行计划安排，进行一定的生死观语言疏导，使他们对老林将面临死亡的结果做好充分的心理准备。最后在家人、社工、医护工作者的共同陪伴下，老林平静地走向了生命终点。

个案服务并没有到此为止，老林去世后，社工对老林家人进行进一步心理沟通及哀伤辅导，以专业知识使他们尽快从哀伤情绪中脱离出来，确定好今后的生活目标，从先前对老林的全力照料中脱身，转移生活重心。

三、传统生死观在实际运用中的矛盾

当然，生死观的多样性也造成了其在实际运用中的诸多矛盾。

中国传统的生死观对于人的死亡通常是避讳、恐惧的。与死亡相对的"生"常常是先贤论道的重点，而"死"即消极，象征着人生命的终结。在几千年的文化传承中，依稀可以窥见先人的态度。"未知生，焉知死。"重生轻死、乐生恶死的生死观可见一斑。

国内学者对于传统的生死观与临终关怀服务的关系始终难以下一个清晰的定论。一方面，有学者认为，临终关怀服务在我国发展可能受到来自传统生死观的阻碍。张鹏认为，传统生死观是老年人临终关怀服务发展的主要障碍，观念上的冲突导致了社会和民众拒绝临终关怀服务。另一方面，也有学者认为在进行临终关怀服务本土化的过程中，要积极融入传统生死观。田丽霞、宫承涛将农村的老年人临终关怀服务放置于传统文化之下，强调要积极突破来自传统文化的束缚，努力挖掘传统文化中能够促进临终关怀事业发展的积极因素。郭智钰认为临终关怀服务这一外来事物，在本土化发展的过程中会面临与传统文化进行融合的问题，要以临终关怀服务本土化为核心和重点，探讨传统生死观中与临终关怀服务相互促进的因素。①

---

① 高树慧. 传统生死观视角下的老年临终关怀个案研究［D］. 西安：西北大学，2018.

第四节　生死观的影响与评价

　　生与死是人的一生中必然会经历的两个过程，所以，从古至今生死观都一直饱受世人的争议。生死观是不断随着时代和社会的变化而丰富发展的，由于生死观没有特定的判断标准和分类标准，并且基于人们的价值观和所处的时代背景不同，以至于造成每个人对生死观的看法大相径庭。

　　儒教对生死观的看法是先要把生前的事情做好，再去想死后的事情。这样对待生死的态度也激起了后代人们对美好生活的奋斗，通过现实的不断奋斗来逐渐使人能够认识到自我价值的独特性，通过自身的努力来享受生命本身的美好，实现精神生活的富足和不断进化。庄子在生死观方面的看法与观点确实给世人带来了直面死亡的勇气，影响了后面很多的思想家与哲学家，在一定程度上打破了中国传统文化中局限的生死观的局面，为学术发展注入了新鲜的力量，引导着后人对生死观的研究。

　　随着社会的不断发展变化，人们的经济水平和文化水平不断提高，继而人们对精神生活的要求也持续提高。那么，人们对精神生活的追求便体现在了对怎样离开世界的方式的看法上，人们开始追求更加体面有尊严的方式离开世界，而不再仅仅为了能够活着而苟且度过。往深层次说，其实生死观是一种文化的表达，它承载着中国传统文化的内涵，是人们在生命传承的过程中的态度与看法，是人们强而有力的精神支柱与信念。那么，由生死观发展而出的尊严死亡，也就是死亡前、死亡中、死亡后对人们人格的尊重。随着人格尊严和生命自决观念的不断兴起，尊严死亡也成了人们近来热议的话题。

　　此外，临终关怀是在20世纪80年代引入中国，它不再强调对病人疾病的治愈，反而更加重视在人们逝世之前延缓病痛的干预，不再强烈追求对病人进行无意义的治疗和过度医疗。临终关怀的发展恰恰反映了生死观在现代社会的发展，使人们更加清晰地认识到了生命的存在和死亡的意义。随着现代社会和科技水平的不断发展，人们的生活品质也在持续提高。所以，人们对待死亡也变得格外重视，是目前我们面临的重要现实问题之一。生死观对临终关怀的产生和发展有着举足轻重的影响。临终关怀在我国的发展也并不是一帆风顺的，由于人们对其接受的程度较低，受中国传统文化的影响较深，所以临终关怀在中国的普及率也较低。而在老龄化发展的背景下，临终关怀面临着更困难的问题，那么，临终关怀想要做到在中国可持续发展，更应把握好生死观的重要作用。

思考与练习

1. 简述生死观形成发展的历史脉络。
2. 分析儒家生死观与道家生死观有什么区别。
3. 结合实际，分析生死观的实际应用。
4. 简要对中国生死观作出评价。

后　记

随着我国老年人口的加速上升，老龄化问题日益突出。实际上，更为准确地说，我们正在进入一个老龄化的社会。老龄化不同于老龄化社会，后者意味着一个社会形态的变化，人类社会正进入前所未有的长寿时代，老年人群达到人类历史从未有过的规模。这些所带来的变革是深刻的、长远的、系统的。我们需要专门的学科研究这一现象。

老年学属于新兴的边缘学科，是回应老龄化时代及其问题的重要学科依托。一般认为20世纪60年代，老年学作为一门独立的学科得以构建完成。老年学发展至今不过60余年，相对于其他成熟学科来说依然显得很稚嫩。其中一个表现就是"理论意识"较弱，"理论自觉"不够。尽管老龄化的现实形势日益严峻，老龄化议题也得到了越来越多的关注，但是老年学中专门围绕老年学理论的研究滞后。目前国内尚未见到有学者出版的老年学理论专著，相关的论文成果也大多集中于数据分析，理论的探讨尤其是基础理论的研究十分稀少。理论建设与供给是一个学科形成的基础，碎片化的研究基于政策、数据得出结论，但是其深刻度、思想性以及对于未来长久问题的反思并不一定到位。

本书主张老年学理论或理论老年学应当在老年学知识体系中占据基础地位。它发挥着指导作用，为老年政策制定、老年服务的实践提供指引。老年学理论至少在三个方面发挥作用。其一，促进理论体系建构，深化学科发展；其二，为老龄化相关问题提供理论解释，回答老龄化现象的深层原因、影响因素、内在机制等；其三，为老年政策与服务提供理论上的方案，包括理念、原则、特定技术等。

本书概述了老年学理论的发展状况与趋势，针对20个老年学理论进行专门研究，围绕特定老年学理论的形成和发展过程、主要人物的观点、理论的实践应用、理论的贡献和不足展开分析。这20个理论并非老年学理论的全貌，但具有代表性，是关注度较高、实践需求较强的理论。老年人是生理、心理、社会多维度的主体，本书涉及的老年学理论也从生理、心理和社会三个维度选择。老年人议题既是个体的，也是宏观的，本书选择的理论也因此兼顾微观和宏观的反思。当然，老年学理论研究不多并非老年学理论缺乏，而是围绕老年学或老年人的专门理论较少。目前老年学基于多学科视角外借用了诸多理论，但是内生性理论远未满足实践的需要。我们还需要推进理论内的整合，尤其是十分丰富的社会学理论库存，将之带入老年学的群体特征与语境下，创建内生的老年学理论是有可能的。

　　本书是集体努力的结晶。本书主编所在学校依托社会工作专业设置了中韩合作的银发产业经营与管理专业，以及校企合作的社会工作（大健康管理）专业。这两个专业类别都关注老年人，而老年人的理论却尚未见到专门的著作。基于教学的需要，迫切需要一本老年学理论教材。同时，围绕教学改革，我们倡导并实施学生研究能力改革计划，积极引导学生参与教研活动。本书是在教师和学生共同努力下完成的。本书主编杨超和刘梅秀构思和设计了全书的框架及其章节，同时负责本书第一章的写作，并对于其他章节进行了统稿和校正。由于学生能力还在提升中，主编对于不少章节进行了重大修改。本书其他章节的分工如下：第二章李想；第三章娄闻煜、隋淑佳、张梦莉、许晓婷；第四章荆蕾、韩伊蕊、宋扬、付佳慧；第五章毕耜真；第六章侯馨茹、文艺颖、钱秀琴、李科琳；第七章周亚蒙、周卓凡、刘光敏、杨雅菲；第八章杨津涵、张乐盛、刘博宇、刘皓委；第九章赵桂璐、郭朝纲、赵元彪、宁玉涵；第十章杨文婷、徐政钰、秦可昕、孔晓艳；第十一章赵秀春、王钰铭、李天冉、丁怡君；第十二章尹君如、李瑞姝、石志阳、杨宇轩；第十三章张恒源、徐静、臧芮、张令达；第十四章秦欣、张晨阳、朱明艳、李梦欣；第十五章张硕涵、吕芊慧、李金如、郭润涵、吕坷淳；第十六章张先杰、赵传琦、王政杰、李学勇；第十七章刘亚倩、邓梦凡、赵文洁、赵越；第十八章赵欣悦、王翔、明熙悦、薛名扬、傅云怡；第十九章韩晓、孟艺佳、周琪、郭文清；第二十章曹铭贞、王玺婷、唐一源、彭令仪、毕耜真；第二十一章来慧欣、臧梓序、侯孟瑶、张骥。此外，周琪对于参考文献格式进行了初步的校正，毕耜真对每章的思考与练习题进行了初步的设计。

　　本书是在征得每一位参与作者的同意后决定出版的。尽管本书还存在很多的不足，但我们还是最终决定付梓出版，权当作一种对于老年学理论发展的倡导和努力。如果能够助力促进老年学理论系统化，助推老年学学科发展，为积极应对老龄化提供必要的理论支撑，我们更加备受鼓舞。我们期待后续更多的著作关注老年学理论。最后，我们衷心感谢中国社会出版社老师们的辛勤付出，没有他们的努力，本书无法顺利面世。

杨超、刘梅秀

2022 年 8 月 11 日于临沂